길동아, 재미있는 역사여행을 해 보자꾸나~

예, 도사님 신나게 가 보자고요~

들어가기 전에…

역사는 옛 사람들의 일기장을 읽는 것?

아마도 우리 친구들 중에는 역사 하면 외울 게 무지하게 많고 지루하고 재미없다고 생각하는 친구들이 많을 것입니다. 하지만 역사란 선조들의 생활을 보여 주는 것입니다. 즉, 역사는 우리 선조들이 어떻게 살아왔는지, 그분들의 일기장을 보는 것과 다르지 않은 것입니다. 그렇다면 왜 우리 친구들에게 역사란 재미없는 것이 되었을까요? 모든 내용을 너무 달달 외우려고만 하기 때문은 아닐까요?

한국사 논술은 딱딱한 역사 지식을 나열하여 외우도록 하지 않았습니다. 사회 교과의 기본적인 개념을 확인하면서 글을 이해하는 능력을 기르고, 그 개념과 역사를 연계하여 여러 가지 것들을 생각해 보게 하였습니다. 그리고 짧은 논술 답안을 쓰면서 내용을 정리하게 하였습니다.

우리 친구들은 아마도 게임을 좋아할 겁니다. 그런데 게임을 하다 보면 모든 미션을 끝까지 수행하는 것이 쉽지만은 않지요? **한국사 논술**은 주어진 6개의 미션을 수행하는 방식으로 구성하였습니다. 미션을 공략하고 파이널 미션까지 해결한 후에 '미션 클리어'를 통해 하나의 미션을 마칠 것입니다. 그 과정에서 게임이 그러하듯 때로는 공략하기 쉽지 않을 수도 있을 것입니다. 하지만 게임하듯 집중해서 차근차근 미션을 수행해 보길 바랍니다.

한국사 논술을 통해 역사 속에서 많은 교훈과 깨달음을 얻길 바랍니다.

구성과 특징

미션 설명
배워야 할 미션에 대해 설명하는 부분입니다. 학습 목표를 파악하여 어떤 미션이 주어졌는지 알아 둡니다.

미션 만화
배워야 할 내용을 전체적으로 보여 줍니다. 역사와 관련된 내용을 가볍게 이해합니다.

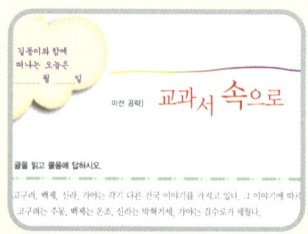

교과서 속으로
교과서 글을 읽으며 역사에 대한 기본 개념을 학습하고, 문제 풀이를 통해 개념에 대해 이해했는지 확인합니다.

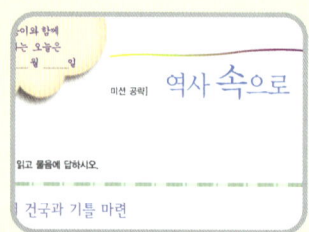

역사 속으로
사회 교과서의 개념과 관련된 역사 내용을 공부합니다. 이를 통해 역사적 사실을 외우는 것이 아니라 깊이 있게 이해합니다.

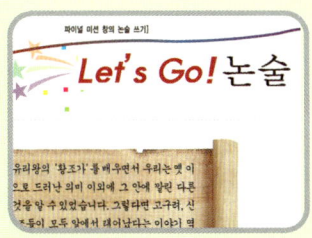
Let's Go! 논술
앞에서 배운 내용들을 바탕으로 한 편의 짧은 논술 답안을 써 봅니다. 이를 통해 역사를 창의적으로 이해해 봅니다.

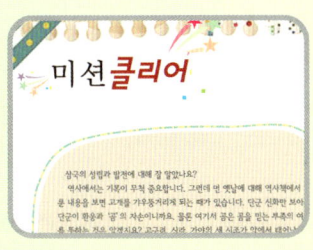
미션 클리어
앞서 배운 내용을 정리합니다. 이를 통해 미션을 제대로 해 냈는지 확인해 봅니다.

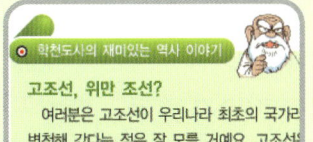
학천도사의 재미있는 역사 이야기
역사적 사실과 관련된 내용을 재미있게 설명해 줍니다.

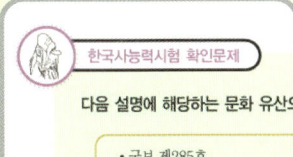
한국사능력시험 확인문제
한국사능력검정시험 응용 문제를 통해 한국사능력검정시험에 대비합니다.

차례

미션 1	선사 시대의 시작과 고조선의 건국	7
미션 2	삼국의 성립과 발전	27
미션 3	삼국, 찬란한 문화를 꽃피우다	47
미션 4	신라, 삼국을 통일하다	67
미션 5	통일 신라와 발해	87
미션 6	후삼국 통일과 고려의 건국	107

가능한 답변들   127

선사 시대의 시작과 고조선의 건국

미션 설명

이 사진은 강화도에 있는 탁자식 고인돌의 모습입니다. 고인돌은 '굄돌' 또는 '괸돌'이라고도 하는데, 이는 '괴다'라는 우리말에서 나온 말입니다. '괴다'는 '기울어지거나 쓰러지지 않도록 아래를 받쳐 안정시키다'라는 뜻을 가진 말입니다. 이 고인돌은 선사 시대의 무덤이었다고 합니다. 이제 고인돌이 있었던 선사 시대와 우리 민족 최초의 국가인 고조선에 대해서 알아봅시다.

학습 목표
1. 구석기, 신석기, 청동기의 시대 구분과 고인돌에 대해서 알 수 있다.
2. 우리 민족 최초의 국가인 고조선의 건국에 대해서 알 수 있다.
3. 단군왕검 이야기에 담겨 있는 상징적 의미가 무엇인지 이해할 수 있다.
4. 역사를 배우는 이유에 대해 생각해 볼 수 있다.

관련 교과
사회 5-1 1단원 하나 된 겨레 (1) 선사 시대 사람들 (2) 최초의 국가 고조선

관련 도서
- 청동기 고인돌 마을
- 고조선 건국 신화
- 구석기 시대 흥수 아이

고인돌은 이렇게 만들어진다고!

길동이와 함께
떠나는 오늘은
_____월 _____일

미션 공략] **교과서 속으로**

※ 다음 글을 읽고 물음에 답하시오.

(가) 기원전 약 8000년경, 사람들은 돌을 갈고 다듬어 필요한 여러 가지 간석기를 만들어 사용하였다. ㉠이때를 새로운 석기를 만들어 사용한 시대라는 뜻에서 신석기 시대라고 한다.

이전까지는 먹을 것을 찾아 여기저기 돌아다니며 생활하던 사람들이 땅에 씨를 뿌리고 가꾸면서 열매를 거두기 시작하였다. 신석기 시대 사람들은 밭에 조, 수수 등의 곡식을 심었다.

(나) 기원전 약 2000년경부터 구리를 불에 녹여 주석이나 아연을 섞어 만든 청동기가 등장하였다. 청동기는 만들기가 어렵고 귀해서 주로 거울, 방울, 검 등과 같이 하늘에 제사를 지내는 도구, 지배 계급의 무기나 장신구 등으로 쓰였다. 그러나 농사짓는 데에는 여전히 돌과 나무로 만든 도구가 사용되었다.

청동기 시대 사람들은 무늬가 그려지지 않은 토기라는 뜻의 민무늬 토기를 만들어 사용하였다. 그리고 그들은 벼농사를 지었고 반달 모양의 돌칼로 곡식을 수확하였다.

(다) 한반도와 주변 지역 사람들이 살기 시작한 것은 지금으로부터 약 70만 년 전부터이다. ㉡이때를 구석기 시대라고 한다. 이 당시 사람들은 나무나 동물의 뼈, 돌을 이용하여 생활에 필요한 도구를 만들어 사용하였다. 특히 돌을 깨뜨리거나 떼어 만든 도구를 (ⓐ)라고 한다. (ⓐ)는 사냥을 할 때에 큰 도움이 되었다.

구석기 시대 사람들은 넓은 나뭇잎이나 풀을 엮어서 옷을 만들거나 사냥하여 잡은 짐승의 가죽으로 옷을 만들어 입었다.

― 5학년 1학기 사회 교과서 1. 하나 된 겨레 (1) 선사 시대 사람들

1 위 글의 **(가)~(다)**를 시대적 순서에 맞게 바르게 나열하시오.

_____

> 선사 시대는 역사로 기록되기 이전의 시대를 말하며 주로 구석기, 신석기, 청동기 시대를 일컫는다. 각 시대들은 어떤 특징을 가지고 있는지 알아보도록 하자.

2. ㉠의 내용으로 볼 때, ㉡이라고 이름 붙인 이유가 무엇인지 생각해서 써 보시오.

---

3. (다)의 내용을 참조하여 ⓐ에 들어가기에 적절한 말을 써 보시오.

---

4. (나)의 내용으로 보아, 청동기가 농기구로 사용되지 못했던 이유는 무엇인가?

---

5. '민무늬 토기'라는 이름을 고려할 때, 다음 〈보기〉의 내용에서 설명하고 있는 토기 이름은 무엇일지 생각해서 쓰시오.

> 보기
>
> 신석기 시대 사람들이 만든 토기는 아래쪽이 좁고 위쪽으로 갈수록 넓은 긴 고깔처럼 생겼는데, 바깥 면에 빗살무늬가 있어 (　　　)라고 부른다.

🔴 학천도사의 재미있는 역사 이야기

왜 빗살무늬를 넣었을까?

빗살무늬 토기에는 바깥 면에 빗살무늬가 새겨져 있지요. '빗살무늬 토기'란 일본 사람들이 '즐문토기(櫛文土器)'라고 한 것을 우리말로 풀어서 쓴 것입니다. '즐(櫛)'은 머리를 빗는 빗을 뜻하는 말인데, 빗의 살과 같은 모양의 무늬를 새겼기 때문에 그렇게 이름붙인 것입니다. 왜 그렇게 부르는지 알겠지요?

한편 토기의 바깥 면에 그러한 무늬를 새긴 데에는 다 이유가 있습니다. 그것은 토기를 만들 때에 불에 굽는 것과 관련이 있습니다. 흙으로 토기를 만들고 표면에 빗살무늬를 새기면 불에 구울 때 토기가 갈라지거나 깨지지 않기 때문이지요. 즉, 더 단단하게 구워져서 부서지지 않기 때문에 빗살무늬를 새긴 것입니다. 이렇듯이 세상엔 이유가 없는 것은 없답니다!

미션 공략] **교과서 속으로**

※ 다음 글을 읽고 물음에 답하시오.

(가) 고조선을 세운 사람은 단군왕검이다. 단군왕검은 하늘에 제사를 지내는 제사장을 뜻하는 '단군'과 정치 지배자를 뜻하는 '왕검'이 합쳐진 말이다. 즉 단군왕검은 제사장이자 지배자였다.

《삼국유사》에는 단군왕검과 관련한 고조선의 건국 이야기가 실려 있다. 기록에 따르면 고조선은 우리나라 최초의 국가이며, 단군왕검이 기원전 2333년에 세웠다.

《삼국유사》에 나온 단군왕검 이야기를 통해 우리는 옛날 사람들이 오래전부터 고조선을 우리나라에 세워진 최초의 국가로 여겼으며, 고조선을 세운 사람은 단군왕검이라고 생각해 왔다는 사실을 알 수 있다.

◯ 단군왕검

(나) 고조선은 한반도 북쪽 지역과 중국의 동북쪽 지역에 자리 잡고 있었다. 고조선의 영역이었던 곳에서는 비파형 동검과 탁자 모양의 고인돌, 미송리식 토기가 많이 발견된다. 이런 유물들을 통해 고조선은 청동기 문화가 발달한 나라였다는 것을 알 수 있다.

고조선에는 백성들을 다스리기 위한 여덟 개의 법(8조법)이 있었다. 그중에 세 개가 현재까지 전해 내려온다.

- 사람을 죽인 자는 사형에 처한다.
- ㉠<u>남을 다치게 한 자는 곡식으로 갚아야 한다.</u>
- 도둑질을 한 자는 데려다 노비로 삼는다. 만일 도둑질한 사람이 죄를 벗으려면 많은 돈을 내야 한다.

– 5학년 1학기 사회 교과서 1. 하나 된 겨레 (2) 최초의 국가 고조선

1 우리나라 최초의 국가와 그 국가의 건국 이야기가 실려 있는 책 이름은 무엇인가?

(1) 최초의 국가 : _____

(2) 건국 이야기가 실린 책 : _____

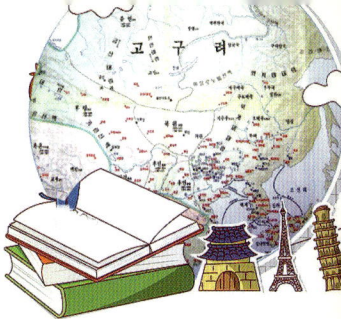

2 '단군왕검'이 뜻하는 바를 정리해서 써 보시오.

(1) 단군 : _____

(2) 왕검 : _____

3 (나)의 내용을 참조하여 다음 지도의 ㉠~㉢ 중에서 고조선의 위치가 어디였을지 찾아 써 보시오.

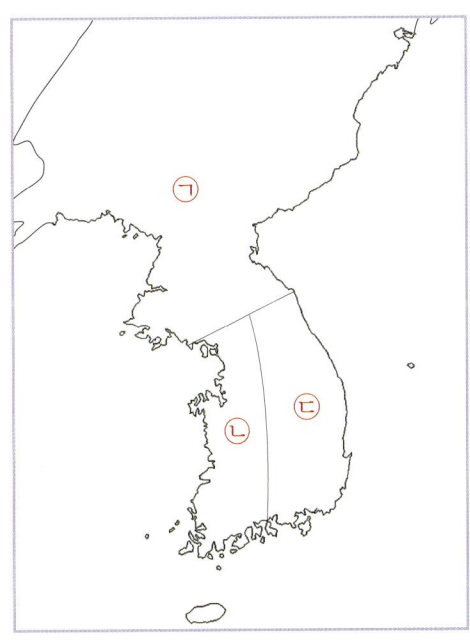

_____

4 고조선의 8조법 중에서 ㉠의 내용을 통해 알 수 있는 고조선 사회의 모습 두 가지를 생각해서 써 보시오.

(1) _____

(2) _____

[미션 공략] **교과서 속으로**

※ 다음 글을 읽고 물음에 답하시오.

> 단군왕검이 역사적으로 실제로 있었던 우리의 국조(國祖)인가, 아니면 신화적 인물에 불과한가는 역사학계의 오래된 논쟁거리이다. 또한 우상 숭배를 엄격히 금지하는 개신교는 단군왕검을 또다른 종교의 창시자라고 하여 민족 고유의 하느님을 믿는 종교인 대종교나 사회 단체와 끊임없는 논란을 빚어왔다.
>
> 특히 초등학교에 단군왕검의 동상을 세우는 것에 대해서 두 세력의 주장은 팽팽하다. 단군왕검의 동상을 세우자는 쪽에서는 "민족사 바로 세우기의 정신을 담아 이 상을 세운다"라고 하면서 "이곳을 참배하는 모든 사람들이 우리의 뿌리를 기억하며 가슴 속에 홍익인간(弘益人間) 제세이화(濟世理化)의 큰 정신을 간직하고 살아갈 것을 다짐한다"라고 하였다.
>
> 이에 대해 개신교 단체들은 "단군을 신으로 모신다는 점에서 공공시설 내에 단군상을 설치하는 것은 개탄할 일"이라는 반대 성명을 낸 데 이어 각 지역에서 조직적으로 반대 운동을 펼치고 있다.

어휘 풀이
- **국조(國祖)**: 나라의 시조
- **우상 숭배**: 신 이외의 사람이나 물체를 신앙의 대상으로 숭배하는 일
- **창시자**: 어떤 사상이나 학설 따위를 처음으로 시작하거나 내세운 사람
- **홍익인간(弘益人間)**: 널리 인간을 이롭게 함. 단군의 건국 이념으로서 우리나라 정치, 교육, 문화의 최고 이념이다.
- **제세이화(濟世理化)**: 세상을 구제하고 다스려 깨우침

5. 위의 글에는 단군왕검의 동상을 세우는 것에 찬성하는 쪽과 반대하는 쪽의 의견이 제시되어 있습니다. 두 주장의 내용을 정리해서 써 보시오.

찬성하는 쪽	반대하는 쪽

6. 위의 글에 나와 있는 단군왕검의 동상을 세우는 것에 대한 찬성과 반대 의견을 바탕으로 자신은 어떻게 생각하는지 정리하고, 친구들과 토론해 보시오.

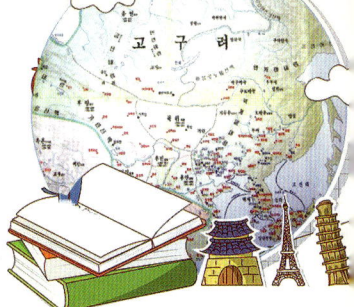

※ 다음 글을 읽고 물음에 답하시오.

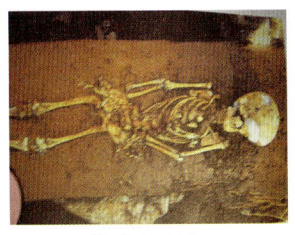
↑ 흥수 아이

1983년 어느 날, 김흥수 씨는 충청북도 청원군 두루봉 동굴 안으로 들어가고 있었다. 석회석 광산을 찾기 위해 산을 헤매다가 우연히 동굴을 발견해서 무엇이 있나 살펴보려고 한 것이었다.

갑자기 김흥수 씨의 눈에 들어온 것은 사람의 뼈였다. 놀란 마음을 가라앉힌 뒤 불을 비추고 자세히 살펴보니 어린아이의 뼈인 것 같았다.

김흥수 씨의 제보로 학자들이 이 동굴을 발굴하였고, 구석기 시대 유적으로 발표하였다. 그리고 그 어린아이의 뼈는 발견한 사람의 이름을 따서 '흥수 아이'라고 부르기로 하였다.

흥수 아이의 나이는 대여섯 살 정도이며, 병에 걸려 죽은 것으로 보였다. 발견 당시 흥수 아이의 주변에는 고운 흙이 뿌려져 있었고, 둘레에는 국화를 꺾어 놓아둔 흔적이 있었다. 이를 통해 당시에도 죽은 사람을 애도하는 장례 풍습이 있었다는 것을 알 수 있다.

― 5학년 1학기 사회과탐구 1. 하나 된 겨레 (1) 선사 시대 사람들

1 위 글의 내용으로 볼 때, '흥수 아이'와 같은 구석기 시대 사람들은 주로 어디에서 살았을지 찾아 쓰시오.

_____

2 구석기 시대에도 장례 풍습이 있었음을 알 수 있는 이유로 알맞은 것은? ( )

① 동굴 안에 사람의 뼈가 있었다.
② 석회석 광산 근처에 동굴이 있었다.
③ 사람이 죽으면 누구나 애도하기 마련이다.
④ 동굴이 구석기 시대 유적으로 확인되었다.
⑤ 흥수 아이 곁에 꽃을 꺾어서 둔 흔적이 있었다.

3 어린아이의 뼈를 '흥수 아이'라고 부른 이유는 무엇인지 위 글에서 찾아 쓰시오.

_____

길동이와 함께 떠나는 오늘은 ___월 ___일

미션 공략] ## 역사 속으로

※ 다음 글을 읽고 물음에 답하시오.

청동기 시대의 무덤 고인돌

◎ 고인돌

고인돌은 크게 나눠 지상에 4면을 판석으로 막아 묘실을 설치한 뒤 그 위에 상석을 올린 형식과, 지하에 묘실을 만들어 그 위에 상석을 놓고 돌을 괴는 형식으로 구분된다. 전자는 대체로 한반도 중부 이북 지방에 집중되어 있고, 후자는 중부 이남 지방에서 다수를 차지하기 때문에, 이들을 각각 북방식 고인돌과 남방식 고인돌이라고도 한다. 이밖에도 지하에 묘실을 만들었으나 남방식 고인돌과는 달리 돌을 괴지 않고 묘실 위에 상석을 바로 올린 고인돌도 있는데, 이를 개석식 혹은 변형 고인돌이라고 한다.

고인돌은 제주도를 포함하여 전국에 분포하나 황해도, 전라도에 가장 밀집되어 있으며, 한 곳에 수백 기의 고인돌이 군을 이루어 분포한 경우도 있다. 고인돌에서는 간돌검과 돌화살촉이 주요 부장품으로 발견되고 있으며, 민무늬 토기와 붉은 간그릇 등 토기류와 청동기가 부장된 경우도 있다.

고인돌이 만들어진 시점에 대해서는 아직까지 의견이 일치되지 않고 있다. 어떤 사람은 신석기 시대에 이미 고인돌이 사용되었다고 주장하기도 하고, 기원전 8~7세기 이전에 시작되었다거나, 아무리 이르게 보아도 기원전 5세기를 넘을 수 없다는 주장 등 다른 의견이 분분하다. 그러나 고인돌이 마지막으로 사용된 시기에 대해서는 대체로 초기 철기 시대의 대표적인 묘제인 움무덤이 등장하기 이전인 기원전 2세기경으로 보는 것이 일반적이다.

또한 고인돌 축조에 필요한 거대한 돌의 운반에는 대규모의 사람들이 필요하였을 것이라는 가정에서, 고인돌이 족장 등 지배 계급들의 무덤이라는 주장도 있다.

어휘 풀이

묘실 : 무덤 속의 주검이 안치되어 있는 방. 널방
분포 : 일정한 범위에 흩어져 퍼져 있음
밀집 : 빈틈없이 빽빽하게 모임
부장품 : 죽은 사람의 주검 곁에 함께 묻은 도구나 물품
분분하다 : 소문, 의견 따위가 많아 갈피를 잡을 수 없다.
묘제 : 묘에 대한 관습이나 제도

이번에는 고인돌, 암각화 등과 같은 선사 시대 유물과 우리나라 최초의 국가 고조선에 대해 알아보도록 하자.

1 청동기 시대의 무덤으로, 지배자의 강력한 힘을 보여 주는 유적은 무엇인지 써 보시오.

_____

2 위 글에 나타난 고인돌들을 구분한 다음의 표에 빈칸을 채워 보시오.

북방식 고인돌	남방식 고인돌	개석식 고인돌

> 🔖 **학천 어드바이스**
> 한반도의 중부 지역을 기준으로 하여 이북과 이남 지역의 고인돌이 그 형태와 묘실의 설치 여부 등에서 차이가 난다고 했지. 위 글에서 그 차이점을 파악해서 정리하면 돼.

3 다음 〈보기〉의 빈칸에 공통적으로 들어갈 말을 위 글에서 찾아 써 보시오.

> **보기**
> 이 시대 사람들은 실생활에서 토기와 돌괭이, 돌칼 등을 사용했다. 하지만 지배자들의 장신구나 무기 등은 석기가 아닌 (　　)이었다. 고인돌의 부장품 중에 (　　)이/가 있는 경우가 있어 이런 추측이 사실이라는 것을 짐작하게 한다. 또한 (　　)은/는 매우 귀해서 지배자들만이 가질 수 있었다.

(　　　　　　　　)

미션 공략]

역사 속으로

※ 다음 글을 읽고 물음에 답하시오.

선사 시대에 고래를 잡아먹었다고?

암각화의 정확한 이름은 '울주 대곡리 반구대 암각화'이다. '울주 대곡리 반구대'는 이 암각화가 위치한 곳이 울산광역시 울주군 대곡리 반구동이어서 붙여진 이름이다. 그리고 암각화란 바위 그림을 뜻하는데, 선사 시대 사람들이 자신의 바람을 기원하는 마음으로 커다란 바위 등 성스러운 장소에 새긴 그림을 말한다. 전 세계적으로 암각화는 북방 문화권과 관련된 유적으로 우리 민족의 기원과 이동을 알려 주는 자료이다.

울산 반구대 암각화는 높이 3m, 너비 10m의 'ㄱ'자 모양으로 꺾인 절벽 암반에 여러 가지 모양을 새긴 바위 그림이다. 1965년 완공된 사연댐 때문에 현재 물 속에 잠겨 있는 상태로 바위에는 육지 동물과 바닷고기, 사냥하는 장면 등 총 75종 200여 점의 그림이 새겨져 있다. 육지 동물은 호랑이, 멧돼지, 사슴 45점 등이 그려져 있는데, 호랑이는 함정에 빠진 모습과 새끼를 밴 모습 등으로 표현되어 있다. 멧돼지는 교미하는 모습이 그려져 있고, 사슴은 새끼를 거느리거나 밴 모습 등으로 표현하였다. 바닷고기는 작살 맞은 고래, 새끼를 배거나 데리고 다니는 고래의 모습 등으로 표현하였다. 또한 탈을 쓴 무당, 짐승을 사냥하는 사냥꾼, 배를 타고 고래를 잡는 어부 등의 모습이 그려져 있으며, 그물이나 배의 모습도 표현하였다. 이러한 모습은 사냥이 원활하게 이루어지길 기원하고, 사냥감이 풍성해지길 바라는 선사 시대 사람들의 마음을 보여 준다고 할 수 있다.

조각기로 쪼아 윤곽선을 만들거나 전체를 떼어낸 기법, 쪼아낸 윤곽선을 갈아내는 기법 등을 사용한 것으로 보아 이 암각화는 신석기 말에서 청동기 시대에 제작되었음을 알 수 있다. 선과 점을 이용하여 동물과 사냥 장면을 생명력 있게 표현하고 사물의 특징을 실감나게 묘사한 미술 작품으로 사냥 미술인 동시에 종교 미술로서 선사 시대 사람의 생활과 풍습을 알 수 있는 최고 걸작으로 평가된다.

🔺 울주 대곡리 반구대 암각화

어휘 풀이

선사 시대 : 문헌 사료가 전혀 존재하지 않는 시대. 석기 시대와 청동기 시대를 이른다.
작살 : 물고기를 찔러 잡는 기구. 작대기 끝에 삼지창 비슷한 뾰족한 쇠를 박아 만드는데, 간혹 한두 개의 쇠꼬챙이를 박은 것도 있다.
풍성 : 넉넉하고 많음. 또는 그런 느낌
걸작 : 매우 훌륭한 작품

1 '울산 반구대 암각화'에는 어떤 것들이 그려져 있는지 위 글에서 찾아 써 보시오.

_____

2 위 글을 참조하여 선사 시대 사람들이 암각화를 그린 이유는 무엇인지 써 보시오.

_____

_____

3 암각화와 오늘날 벽 같은 곳에 적은 낙서의 차이점은 무엇일지 친구들과 토론해 보고 정리해서 써 보시오.

_____

_____

 한국사능력시험 확인문제

다음 설명에 해당하는 문화 유산으로 옳은 것은?   (   )

- 국보 제285호
- 육지 동물, 바닷고기 등을 새겨 넣었음
- 먹을 것이 풍부해지기를 바라는 마음을 표현함

① 반구대 암각화
② 금제 허리띠
③ 수렵도
④ 빗살무늬 토기

미션 공략]

역사 속으로

※ 다음 글을 읽고 물음에 답하시오.

단군 신화와 고조선의 건국

단군 신화는 고조선의 건국 시조 신화로 그 발생과 전승이 가장 오래되었다.

단군 신화에서는 환인의 아들 환웅이 여자로 변한 웅녀와 결혼해 낳은 아들이 고조선을 세우고 단군왕검이 된다. 단군 신화를 보면 '하늘에서 하강한 천신이 비로소 나라를 열고 왕의 자리에 나아간다' 라는 건국 신화로서의 특징을 갖추고 있다는 것, 신맞이 굿 절차를 반영하고 있다는 것, 신화와 전설의 성격을 모두 갖고 있다는 것을 알 수 있다.

'하늘에서 하강한 천신' 이란 우리나라 신화에서 자주 보이는 '천손 강림' 을 뜻한다. 특이한 점은 천손인 환웅이 직접 단군이 되는 것이 아니라, 웅녀를 통해 얻은 왕검이 단군이 된다는 것이다. 이러한 모습은 주몽 신화에서도 볼 수 있는데, 천손인 해모수는 환웅과 마찬가지로 지상의 여인 유화와의 사이에서 주몽을 낳고, 그 주몽이 고구려를 세워 왕이 된다. 흔히 단군 신화와 주몽 신화를 비교하는 것도 이 비슷함 때문이다. 보통의 '천손 강림' 에서는, 천손이 내려와 직접 왕이 된다. 그러나 단군 신화나 주몽 신화의 천손은 국가의 기반을 닦을 뿐이다. 그렇다고 단군 신화와 주몽 신화를 천손 강림 신화가 아니라고 할 수는 없다. 여기에서 ㉠'천손' 이라는 단어는 단순히 하늘에서 내려왔다는 것만을 뜻하지 않는다. 천손이란 하늘에서 내려온 사람임과 동시에, 하늘이 인정한 사람이다. 하늘—하느님—이 인정했다는 것은 하늘의 피와 그 뜻을 받든다는 뜻도 된다. 이렇게 되면 환웅과 해모수뿐만 아니라, 왕검과 주몽 역시도 천손이라고 할 수 있을 것이다.

신맞이 굿 절차를 반영하고 있다는 것은, 곰과 호랑이가 환웅을 찾아가 인간이 되게 해 달라고 빌었다는 점과, 인간이 된 웅녀가 아이를 갖게 해 달라고 빌었다는 데에서 찾아볼 수 있다. 고조선에는 분명 단군 신화의 내용을 담고 있는 무속 행사가 있었을 것이다. 그 행사를 주관하는 것이 바로 단군이다. 환웅이 지상으로 내려올 때 가지고 왔다는 천부인(天符印) 세 개나, 함께 내려온 풍백, 우사, 운사 역시 그 행사와 관련이 있다. 천부인은 곧 신물(神物)로, 검과 거울, 방울이다. 검은 '봉황의 깃털', 거울은 '용의 비늘', 방울은 '농작물, 수확물' 을 뜻한다. 풍백, 우사, 운사는 바람과 비, 구름의 신으로 이들을 거느리고 내려왔다는 것은 고조선이 농업 경제 체계를 갖추고 있었음을 뜻한다.

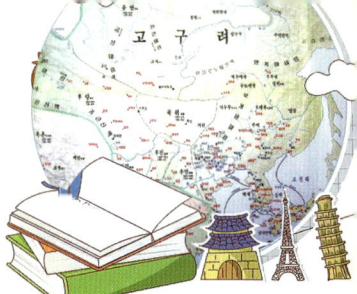

> **어휘 풀이**
>
> **전승** : 문화, 풍속, 제도 따위를 이어받아 계승함. 또는 그것을 물려주어 잇게 함
> **하강한** : 아래로 내려온
> **천손 강림** : 하늘의 자손이 하늘에서 내려와 땅에 임함
> **천부인** : 하늘의 환인이 하사하여 환웅이 땅으로 내려올 때 가져왔다는 세 가지 물품
> **풍백** : 바람을 다스리는 신
> **신물** : 신령스럽고 기묘한 물건

1. 위 글을 통해 알 수 있는 내용이 아닌 것은?　　　　　　　　　　(　　)

① 주몽의 아버지 해모수도 천손이었다.
② 고조선의 건국 신화는 주몽 신화이다.
③ 웅녀는 인간의 아이를 가지기를 원했다.
④ 환웅의 아들 단군왕검이 고조선을 세웠다.
⑤ 환웅은 풍백, 우사, 운사 등을 거느리고 왔다.

2. 다음 중 ㉠ '천손' 이 뜻하는 말로 알맞은 것 두 가지는?　　　　(　　,　　)

① 우두머리　　　② 착한 사람　　　③ 용기 있는 사람
④ 하늘이 인정한 사람　　　⑤ 하늘에서 내려온 사람

3. '환웅' 이 하늘에서 땅으로 내려올 때 가져왔다는 세 가지 물품들은 무엇인지 위 글에서 찾아 써 보시오.

_____

4. '환웅' 이 하늘에서 내려올 때 풍백(바람), 운사(구름), 우사(비) 등을 거느리고 왔다는 것은 '환웅' 의 어떤 점을 강조하기 위한 것인지 생각해 보고 간단히 정리해 보시오.

_____

미션 공략]
역사 속으로

※ 다음 글을 읽고 물음에 답하시오.

고조선의 흥망성쇠

처음에 고조선은 이웃 나라와 힘을 겨루면서 수백 년 동안 성장했다. 그러다가 고조선은 기원전 4세기 쯤 중국 여러 나라들과 어깨를 나란히 하게 되었다. 그러던 때에 위만이 무리 천 명을 이끌고 고조선의 준왕에게 찾아와 자신은 고조선에 오는 사람들이 고조선에 정착할 수 있도록 돕고 반란을 일으키지 않겠다고 하였다. 그래서 준왕은 위만을 받아 주었지만 위만은 한나라가 쳐들어 온다는 거짓말을 하고 준왕의 왕위를 빼앗아 고조선을 지배했다. 이 나라를 '위만 조선'이라 하기도 한다.

고조선 사람들은 주변의 여러 나라와 교역을 했다. 특히 국경을 맞대고 있는 중국과 활발히 교류하였다. 위만의 손자 우거왕은 진국을 비롯한 작은 나라들이 한나라로 가는 길을 가로막고 중간에서 많은 이익을 챙겼다. 진국이 한나라의 문물을 받아들이려면 고조선을 거쳐야 했기 때문에 고조선의 영향력은 날로 커졌다. 한나라의 무제는 이런 고조선을 눈엣가시로 여기며 '흉노와 외교 관계를 끊고 한나라를 섬기라'는 무제의 말을 전했으나 우거왕은 한나라에 머리를 숙일 생각을 하지 않았다. 결국 한나라와 고조선은 전쟁을 했다. 그 전쟁에서 한나라는 고조선에 크게 패한다. 한나라는 군대를 더 보내 고조선의 왕검성을 공격했지만 실패했다. 그러자 한나라는 작전을 바꾸었다. 항복하면 한나라 사람처럼 잘 대해 주겠다며 고조선의 지배층을 회유하였다. 왕검성 안에서도 화해하자는 목소리가 커지고 있었다. 신하들은 항복하자고 왕에게 말하였지만 우거왕은 꼼짝도 하지 않았다. 그 신하들 중에는 자기 의견이 받아들여지지 않자 많은 백성을 데리고 왕검성을 떠난 자들도 있었다. 우거왕이 전쟁을 계속하려 하자, 한나라에 항복한 사람들이 자객을 보내 우거왕을 살해하였다. 우거왕이 죽고 왕자까지 항복하였지만, 왕검성은 무너지지 않았다. 고조선의 대신 성기가 사람들과 함께 계속 저항한 것이다. 그러나 한나라에 항복한 사람들은 성기마저도 살해했다. 얼마 뒤 왕검성의 문이 열렸다. 고조선은 거대 제국

한나라의 공격에 맞서 1년이 넘게 버텼지만, 지배층의 분열로 결국 기원전 108년에 멸망하고 말았다.

어휘 풀이
- **정착** : 일정한 곳에 자리를 잡아 붙박이로 있거나 머물러 삶
- **눈엣가시** : 몹시 밉거나 싫어 늘 눈에 거슬리는 사람
- **회유** : 어루만지고 잘 달래어 시키는 말을 듣도록 함
- **자객** : 사람을 몰래 암살하는 일을 전문으로 하는 사람

1. 위 글을 통해 알 수 있는 고조선에 대한 설명으로 알맞은 것은?　　　　(　　　)

① 우거왕은 한나라에 항복하여 신하가 되었다.
② 연나라 사람 위만은 준왕과의 약속을 지켰다.
③ 한나라의 무제는 고조선을 형제국으로 대했다.
④ 기원전 108년에 한나라에 의해 멸망하고 말았다.
⑤ 고조선은 처음부터 끝까지 약하고 작은 나라였다.

2. 고조선의 준왕에게 왕위를 빼앗은 사람은 누구였는지 위 글에서 찾아 써 보시오.

_____

3. 위 글의 내용으로 볼 때, 고조선이 멸망하게 된 원인은 무엇인지 써 보시오.

_____

🟢 학천도사의 재미있는 역사 이야기

고조선, 위만 조선?

여러분은 고조선이 우리나라 최초의 국가라는 점은 잘 알고 있을 것입니다. 그런데 고조선이 세 왕조가 변천해 갔다는 점은 잘 모를 거예요. 고조선은 단군 조선, 기자 조선, 위만 조선이라는 세 왕조가 이어진 나라인 것입니다. 물론 기자 조선에 대해서는 부정하는 역사책도 있고, 단군 조선에 대해서도 신화일 뿐이라는 견해도 있습니다. 하지만 단군 조선과 위만 조선은 실제했던 나라라고 볼 수 있습니다. 특히 위만 조선은 고조선의 역사 발전 단계에서 후기(後期)에 해당한다고 할 수 있습니다. 그런데 위만이라는 사람이 연나라에서 왔기 때문에 위만 조선이라고 한다면 '위만 조선'이라는 용어는 맞지 않을 듯합니다. '위만 왕조'나 '위만 집권기의 고조선'이라고 하는 것이 좀더 맞겠죠?

Let's Go! 논술

※ 다음 글을 읽고 물음에 답하시오.

국보인 반구대 암각화 보존 문제를 놓고 울산시와 울산대의 '반구대암각화보존연구소'가 팽팽히 맞서고 있습니다. 울산시는 식수원 확보와 댐 수위 조절을 동시에 진행해야 한다는 입장인 반면, 연구소는 댐 수위를 우선 낮춰야 한다고 주장하고 있습니다.

10여 년째 끌어 오던 반구대 암각화 보존 방안에 대한 윤곽이 나왔습니다. 울산시는 국토해양부와 문화재청을 비롯한 관련 기관과의 회의에서 사연댐 수위를 낮춤과 동시에 그에 따른 부족한 식수 12만 톤은 다른 지역에서 공급받도록 했습니다.

울산시 행정부시장은 "사연 댐 수문 설치는 문화재청이 주관하고, 수위 조절은 울산권 맑은 물 공급 사업이 완료되는 시점에 시행을 한다."고 했습니다.

그러나 울산대 '반구대암각화보존연구소'는 암각화의 보존 방안에 대해 사연댐 수위를 낮춰 암각화를 수면 위로 끌어 올리는 것이 시급하다고 주장했습니다. 대체 식수 확보 문제는 차후에 생각할 문제라는 입장입니다.

이처럼 반구대 암각화 보존 방안을 놓고 울산시와 연구소 간의 갈등이 빚어지고 있습니다. 시민들은 이러한 갈등이 오히려 반구대 암각화 보존에 혼선을 주지 않을까 우려하고 있습니다.

> 위의 보도에서는 두 주장이 나와 있습니다. 그 두 주장을 찾아 정리하시오. 그리고 두 주장 중 한 쪽을 택하고 적절한 근거를 들어 반구대 암각화 보존 문제에 대한 자기 생각을 주장하시오. (200자 내외)

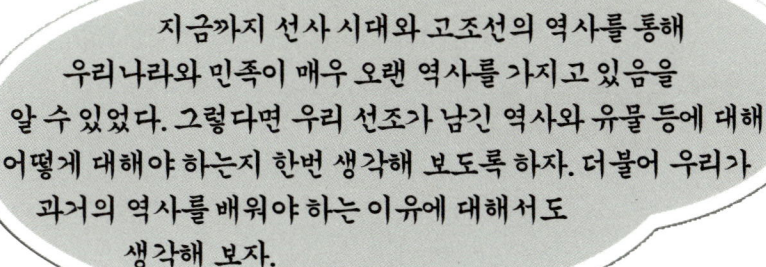

지금까지 선사 시대와 고조선의 역사를 통해 우리나라와 민족이 매우 오랜 역사를 가지고 있음을 알 수 있었다. 그렇다면 우리 선조가 남긴 역사와 유물 등에 대해 어떻게 대해야 하는지 한번 생각해 보도록 하자. 더불어 우리가 과거의 역사를 배워야 하는 이유에 대해서도 생각해 보자.

미션 클리어

　어때요 여러분, 구석기, 신석기, 청동기 시대와 우리나라 최초의 국가인 고조선에 대한 역사 여행은 잘 마쳤나요?

　그런데 혹시 역사 여행을 하는 중에 과거의 역사를 왜 알아야 하나 하는 의문이 생기지는 않았나요? 그런 의문은 역사 공부를 하는 데 있어 당연한 질문입니다.

　그 이유를 아는 데는 영국의 유명한 역사학자인 E. H 카 선생님의 말씀이 도움이 될 겁니다. 카 선생님은 역사란 과거와 현재의 대화라고 했습니다. 이는 역사란 과거의 일일 뿐 아니라 현재와도 관련이 있다는 뜻입니다. 역사란 지나간 과거의 일이어서 오늘날과 관련이 없는 것이 아니라 우리의 현재를 만들어준 것이며 앞으로의 일들을 비춰주는 거울 같은 것이라는 거죠. 바로 이것이 우리가 역사를 배워야 하는 이유입니다. 그래서 오늘날 우리 생활에 별 도움이 되는 것 같지 않은 선사 시대의 암각화를 보존해야 하는 것이고, 아파트나 집을 지을 때 거기서 옛 유적의 흔적이 나오면 공사를 멈춰야 하는 것입니다. 그리고 역사나 유물 등에 담겨 있는 선조의 지혜를 우리 것으로 만드는 것도 기본이겠죠?

　앞으로 남은 다섯 개의 미션도 이러한 점을 염두에 두고 해결하기 바랍니다. 자, 그럼 두 번째 미션으로 고! 고!

삼국의 성립과 발전

미션 설명

기원전 108년, 고조선이 한나라에 의해 멸망을 한 후 지금의 경북 경주 지방에서 신라가 건국(기원전 57년)합니다. 그리고 고구려(기원전 37년), 백제(기원전 18년)가 차례로 건국합니다. 이 만화에서 삼국의 사람들은 각각 자기 나라가 더 좋다고 자랑하고 있습니다. 이번 시간에는 고구려, 신라, 백제의 건국과 각 나라를 세운 주요 인물, 건국 신화들에 대해서 알아보도록 합시다. 그리고 주목받지 못했지만 철기 문화가 강력했던 가야에 대해서도 공부해 봅시다.

학습 목표
1. 고구려, 신라, 백제 삼국의 건국과 나라의 기틀을 만든 과정을 알 수 있다.
2. 삼국의 건국 신화와 나라를 세운 주요 인물들을 알 수 있다.
3. 가야를 통합했던 김수로왕과 가야의 역사를 이해할 수 있다.
4. 옛 이야기를 어떻게 받아들여야 할지 주장해 볼 수 있다.

관련 교과
사회 5-1 1단원 하나 된 겨레 (3) 삼국의 성립과 발전

관련 도서
삼국 시대 사람들은 어떻게 살았을까
어린이 삼국유사
가야를 왜 철의 왕국이라고 하나요?

주몽이 '알'에서 나왔다고?

길동이와 함께
떠나는 오늘은
____월 ____일

미션 공략] # 교과서 속으로

※ 다음 글을 읽고 물음에 답하시오.

고구려, 백제, 신라, 가야는 각기 다른 건국 이야기를 가지고 있다. 그 이야기에 따르면, 고구려는 주몽, 백제는 온조, 신라는 박혁거세, 가야는 김수로가 세웠다.

(가) 고구려를 세운 주몽은 하늘 신의 아들인 해모수와 물의 신 하백의 딸 유화 사이에서 태어났다. 그는 알을 깨고 나왔는데 어릴 때부터 활을 잘 쏘아 사람들은 그를 '주몽'이라 불렀다.

주몽은 당시 부여 금와왕의 왕자들과 함께 자랐는데, 그들이 주몽을 시샘하여 죽이려고 하자 자신을 따르는 무리를 이끌고 남쪽으로 내려와 졸본(환인) 지역에 고구려를 세웠다.

(나) 고구려를 세운 주몽에게는 부여에 있을 때에 낳은 유리와 고구려를 세운 뒤 낳은 비류와 온조 두 아들이 있었다.

어느 날 부여에 있던 유리가 주몽을 찾아오자, 비류와 온조는 자신을 따르는 무리와 함께 남쪽으로 내려왔다. 형 비류는 미추홀(인천)에 나라를 세웠고, 동생 온조는 위례성(한강 유역)에 자리를 잡았다. 하지만 ㉠<u>비류가 정착한 곳은 농사 짓기에 적합하지 않아 비류의 백성들은 온조의 나라로 옮겨 갔다.</u> 그 후 온조는 나라 이름을 백제라고 하고 주변으로 세력을 넓혀 가며 나라의 모습을 갖추어 나갔다.

(다) 지금의 경주 부근에 여섯 개의 부족이 모여 만든 사로국(신라의 옛 이름)이라는 작은 나라가 있었다. 사로국은 왕이 없이 여섯 촌장이 나라를 다스리고 있었다.

어느 날 한 촌장이 나정이란 우물가에서 흰 말이 울고 있는 것을 보았다. 이상하게 여겨 가까이 가 보니 말 앞에 커다란 알이 있었다. 얼마 후, 그 알에서 잘생긴 사내아이가 나왔다. 촌장들은 그 아이가 박처럼 생긴 알에서 나왔다고 하여 박씨란 성을 붙여 주고, 세상을 밝게 다스린다는 뜻의 혁거세란 이름을 지어 주었다. 사람들은 그를 하늘에서 내려온 아이라 생각하여 사로국의 첫 번째 임금으로 삼았다.

(라) 낙동강 유역 평야 지대에 가야라고 불리는 작은 나라들이 있었다. 당시 가야는 왕이 없이 아홉 명의 촌장이 나라를 다스리고 있었다.

30 한국사 논술

> 고조선이 멸망한 후에 한반도에는 많은 국가가 등장한단다. 그러한 시기를 거친 후 한반도에는 고구려, 백제, 신라가 생기게 되지. 이번에는 그 세 나라의 성립과 각각의 전성기에 대해서 알아보도록 하자.

> 어느 날 하늘에서 신의 목소리가 들려와 아홉 촌장과 사람들은 구지봉에 올라 나무 막대기로 땅을 두드리며 ⓒ노래를 불렀다. (중략)
>
> 그러자 하늘에서 붉은 보자기에 싸인 금빛 상자가 내려왔다. 상자에는 여섯 개의 알이 있었는데 며칠 뒤 그 알에서 여섯 명의 사내아이가 나왔다. 가장 먼저 태어난 아이가 김수로였다. 그는 금관가야의 임금이 되었고 나머지 다섯 아이도 각각 다섯 가야의 임금이 되었다.
>
> — 5학년 1학기 사회 교과서 1. 하나 된 겨레 (3) 삼국의 성립과 발전

1 각 나라와 시조를 바르게 연결하시오.

(1) 고구려 • • (ㄱ) 김수로
(2) 백제 • • (ㄴ) 주몽
(3) 신라 • • (ㄷ) 온조
(4) 가야 • • (ㄹ) 박혁거세

2 주몽이 처한 위기와 그 위기를 벗어난 과정을 찾아 쓰시오.

(1) 위기 : _____

(2) 위기를 벗어난 과정 : _____

3 ㉠을 통해 당시에는 무엇을 중요시했을지 생각해서 써 보시오.

_____

4 ⓒ으로 알맞은 내용은 무엇인가? ( )

① 가시렵니까 가시렵니까 나는 어떻게 살라고 가시렵니까
② 나 보기가 역겨워 가실 때에는 말없이 고이 보내드리오리다.
③ 거북아 거북아 머리를 내놓아라. 만약에 내놓지 않으면 구워 먹으리.
④ 펄펄 나는 저 꾀꼬리 암수 서로 정다운데, 외로운 이 내 몸은 뉘와 함께 돌아가리.
⑤ 거북아 거북아 수로를 내놓아라. 남의 부녀 앗아간 죄 얼마나 클까. 네 만일 거역하고 바치지 않으면, 그물로 잡아서 구워 먹고 말리라.

미션 공략] # 교과서 속으로

※ 다음 글을 읽고 물음에 답하시오.

> 건국 이야기에 따르면 고구려를 세운 '주몽', 신라를 세운 '박혁거세', 가야를 세운 '김수로'는 모두 알에서 태어났다고 한다.
>
>
>
> 알에서 태어났다는 것은 무엇을 의미할까?
>
> 알은 태양을 상징한다. 당시 사람들의 숭배 대상이었던 태양을 상징하는 알에서 태어난 지도자는 신비롭고 특별한 존재임을 의미한다.
>
> 옛날 사람들은 하늘과 땅을 오르내리며 날아다니는 새를 하늘의 뜻을 전하는 신비로운 존재라고 생각하였다. 신비한 존재인 새가 알을 낳기 때문에 알에서 태어난 사람을 특별한 존재로 여겼다.
>
> 즉, 알에서 태어난 왕은 하늘이 보낸 뛰어난 인물로 백성들은 왕을 존경하고 따라야 한다고 생각하였다.
>
> – 5학년 1학기 사회과탐구 1. 하나 된 겨레 (3) 삼국의 성립과 발전

1. 위 글에서 고구려, 신라, 가야의 시조의 공통점은 무엇이라고 하였는지 찾아 쓰시오.

_____

2. 위 글에서 '알'이 무엇을 상징한다고 했는지 찾아 쓰시오.

_____

3. 왜 당시 사람들은 알에서 태어난 사람을 특별한 존재로 여겼는지 위 글에서 이유를 찾아 쓰시오.

_____

4. 고구려, 신라, 가야의 시조들에 대해 당시 사람들은 어떻게 생각했는지 찾아 간단히 정리해 보시오.

_____

※ 다음 글을 읽고 물음에 답하시오.

고구려를 세운 주몽의 아들로 고구려의 2대 왕 자리에 오른 유리왕은 왕비였던 송씨(松氏)가 죽자 두 명의 여인을 후처로 얻었다. 화희(禾姬)와 치희(雉姬) 두 여인이 바로 그들이다. 치희는 낙랑 출신으로 추측되는 인물이다. 그런데 이들은 늘 서로 싸우곤 했다. 그러다가 유리왕이 기산(箕山)으로 사냥을 가 궁궐을 비운 틈에 화희가 치희를 모욕하여 한(漢)나라로 쫓아 버렸다. 유리왕이 사냥에서 돌아와 이 말을 듣고 곧 말을 달려 뒤를 쫓았으나 화가 난 치희는 돌아오지 않았다. 그래서 유리왕이 탄식하며 돌아오게 되었고 그 길에 나무 밑에서 쉬다가 짝을 지어 날아가는 꾀꼬리를 보고 한탄하며 노래를 지었다. 그 노래가 바로 '황조가(黃鳥歌)', 즉 꾀꼬리 노래이다.

　　펄펄 나는 저 꾀꼬리
　　암수가 서로 정다운데
　　외로운 이 내 몸은
　　누구와 함께 돌아갈까.

그런데 이 작품은 단순한 사랑 노래가 아니다. 그 안에는 고구려 건국 초기의 정치적 세력 다툼이 깔려 있다. 치희와 화희의 다툼은 결국 낙랑 세력인 치희로 상징되는, 다른 나라로부터 온 세력과 고구려 세력의 권력 다툼이 그 바탕인 것이다. 이렇게 보면 '황조가'는 왕권을 강화시키려다 실패하여 좌절한 유리왕의 심정을 보여 주는 서정시라고 할 수도 있다.

5 위 글을 통해 알 수 있는 당시 시대의 모습을 추측하여 써 보시오.

_____

6 위 글을 바탕으로 '황조가'를 있는 그대로 해석해 보았을 때 어떤 의미를 지니는지 생각해 보고, 그 바탕에 깔린 의미도 정리해 보자.

　　(1) 있는 그대로의 해석 : _____

　　(2) 그 바탕에 깔린 의미 : _____

미션 공략]
교과서 속으로

※ 다음 글을 읽고 물음에 답하시오.

한강 유역은 한반도의 중심에 위치해 있으며, 넓은 평야가 있어 농사 짓기에 좋은 곳이다. 또한 한강을 통해 물건을 여러 지역으로 쉽게 실어 나를 수 있으며, 바다를 통해 중국과 교류하기에도 좋은 지역이다. 따라서 한강을 차지하면 경제적으로나 지리적으로 매우 유리했기 때문에 삼국은 한강을 서로 차지하려고 하였다.

삼국 가운데 한강을 가장 먼저 차지한 나라는 백제였다. 백제는 한강의 좋은 자연 환경을 이용하고, 황해를 통해 중국의 선진 문물을 받아들이며 발전해 나갔다.

백제 다음으로 한강을 차지한 나라는 고구려였다. 고구려는 광개토 대왕 때 한강 이북의 여러 성을 차지하였고, 그 후 장수왕 때에 이르러 백제로부터 한강 유역을 완전히 빼앗았다. 또한 한강 유역에 발판을 마련하여 한강 이남의 백제 땅까지 차지하였다.

신라는 진흥왕 때 한강 유역을 모두 차지하여 삼국 통일의 기반을 마련하였다.

― 5학년 1학기 사회과탐구 1. 하나 된 겨레 (3) 삼국의 성립과 발전

1 다음 중 삼국이 한강 유역을 차지한 순서를 알맞게 나열한 것은?   (   )

① 백제 – 고구려 – 신라   ② 고구려 – 신라 – 백제   ③ 백제 – 신라 – 고구려
④ 신라 – 백제 – 고구려   ⑤ 신라 – 고구려 – 백제

2 위 글에서 삼국이 한강 유역을 서로 차지하려고 한 까닭은 무엇이라고 하였는지 찾아 써 보시오.

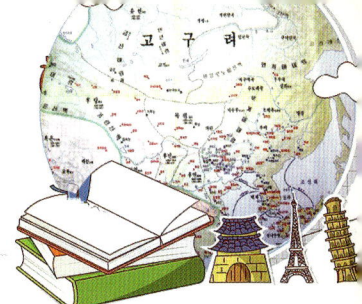

3 신라에게 있어서 한강 유역 차지는 어떤 사건의 기반이 되었는지 위 글에서 찾아 써 보시오.

4 한강 유역이 어떤 곳이었는지 4가지 의미를 위 글에서 찾아서 정리해 보시오.

(1)
(2)
(3)
(4)

한국사능력시험 확인문제

다음 내용과 공통적으로 관련된 고구려의 왕으로 옳은 것은?　　　　(　　)

- 18세에 즉위
- 백제 공격
- 요동 정벌
- 왜구 격퇴

① 동명왕　　　　　　　② 유리왕
③ 장수왕　　　　　　　④ 광개토 대왕

미션 공략] **역사 속으로**

※ 다음 글을 읽고 물음에 답하시오.

삼국의 건국과 기틀 마련

(가) 고구려는 동명왕이 졸본에 건국하였다. 태조왕(고구려의 제6대 왕, 재위 53년~146년) 때 국가 기틀을 확립하였고 옥저를 정복하였다. 소수림왕 때 불교와 율령을 반포하여 국민의 사상적 통합을 이루었으며 이를 바탕으로 5세기의 광개토 대왕이 영토를 크게 확장하였다. 광개토 대왕이 일찍 죽고 난 후 장수왕이 왕위를 이어 받아 한강 유역을 점령하는 데 성공했다.

(나) 백제는 고구려 동명왕의 아들 온조가 위례성에 건국하였다고 알려져 있다. 고이왕(제8대 왕, 재위 234~286년) 때 율령을 반포하고 근초고왕(4세기) 때 고구려를 공격하고 요서, 산둥 반도, 규슈 지역으로 진출하였다. 침류왕 때에는 불교를 공인하였다. 이후 고구려의 남진 정책에 밀려 한강 유역을 잃게 된다. 이후 동성왕 때 국력을 회복하고 무령왕 때 지방 통제를 강화하였으며 성왕 때 제2의 전성기를 맞이하여 잠시나마 한강 유역을 탈환하게 된다. 하지만 동맹국이던 신라의 배신으로 한강을 도로 빼앗기고 성왕마저도 관산성에서 전사하여 백제는 궁지에 몰리게 된다. 그래서 공주 웅진성으로 도읍을 옮겼다가 다시 백 년도 채 안 되어 부여 사비성으로 도읍을 옮기게 된다.

(다) 신라의 경주는 소백산맥의 험난한 지형에 막혀 있었기 때문에 고구려나 바다를 통해서 외국과 교류하고 발전하였다. 신라가 중앙 집권 국가의 기틀을 확립한 것은 내물왕(제17대 왕, 재위 356~402년) 때이며, 이때 고구려의 도움으로 왜군을 무찔렀다. 이후 고구려의 남진 정책에 자극을 받아 백제와 동맹을 맺고 고구려에 맞서게 된다. 지증왕 때는 지금의 울릉도에 있던 우산국을 정복하고 국호를 사로국에서 신라로 확정하였다. 법흥왕 때는 불교 공인과 율령 반포를 통해 백성의 힘을 통합하였고, 금관가야를 정복하였다. 이어 진흥왕 때에는 대가야를 정복하고 낙동강 유역과 한강 유역을 장악하고 함경도 지역까지 진출하였다. 진흥왕의 정복 사업은 화랑이라는 단체를 통해 인재를 양성하였기 때문에 가능하였다.

36 한국사 논술

철기의 도입으로 보다 강력한 국가가 필요해지면서 한반도에도 삼국이 건국되었다. 이번 시간에는 고구려, 백제, 신라 삼국과 가야가 어떻게 발전하였는지 알아보도록 하자.

어휘 풀이
- 율령 : 형률과 법령을 아울러 이르는 말
- 반포 : 세상에 널리 퍼뜨려 모두 알게 함
- 공인 : 국가나 공공 단체 또는 사회 단체 등이 어느 행위나 물건에 대하여 인정함
- 남진 : 남쪽으로 나아감

1. 위 글에서 삼국의 왕들 중 그 이름과 업적이 잘못 짝지어진 것을 고르시오. (　　)

① 진흥왕 – 대가야 정복　　② 침류왕 – 불교 공인
③ 장수왕 – 한강 유역 점령　　④ 근초고왕 – 고구려 공격
⑤ 성왕 – 화랑 창설

2. 위 글에서 나라의 기틀을 확립한 삼국의 왕들을 모두 찾아 써 보시오.

고구려 : _____

백제 : _____

신라 : _____

3. 다음 중 백제에 대한 설명으로 알맞은 것은? (　　)

① 동명왕이 졸본에 도읍을 정하고 건국하였다.
② 전성기인 5세기 때 영토를 크게 확장하였다.
③ 대가야를 정복하고 낙동강 유역을 장악하였다.
④ 지형이 막혀 신라를 통해서야 발전할 수 있었다.
⑤ 근초고왕 때 고구려를 공격하고 요서 등으로 진출하였다.

미션 공략]

역사 속으로

※ 다음 글을 읽고 물음에 답하시오.

한강 유역을 차지해야 전성기!

　삼국의 전성기는 기준이 어떤 것이냐에 따라 다르게 볼 수 있다. 하지만 삼국 중 한강 지역을 차지했던 나라가 당시에 전성기를 누린 나라였다고 해도 지나치지 않다. 실제로 제일 먼저 한강 지역을 차지했던 백제는 삼국 중 가장 먼저 전성기를 누렸다. 백제 건국 초기 온조왕(기원전 1세기)은 한성, 지금의 서울 송파구 풍납토성에 도읍을 정하고 나라의 이름을 '십제'라 하였다가 이후 백제라는 이름으로 고치게 된다. 백제의 다음으로는 광개토 대왕(5세기) 때 고구려가 한강 유역을 차지했고, 신라는 진흥왕(6세기) 때 마지막으로 한강 유역을 차지하면서 전성기를 누렸다.

　한강을 가리키는 순우리말인 아리수는 '큰강' 혹은 '중심이 되는 강'을 말한다. 한강뿐만이 아니라 압록강이나 대동강도 한때는 아리수로 불렸던 적이 있다. 삼국 시대 당시에는 지금의 한강만을 가리키는 말이 아니었을 가능성이 크다. 그리고 세월이 흘러 삼국이 건국되고 한강을 가리키는 이름으로 된 것이라 할 수 있다.

◐ 서울시 수돗물 아리수

　한강이 삼국 시대를 비롯하여 그 이후의 우리 역사에서 중요한 의미를 지니게 된 것은 한반도의 영토에서 중앙에 위치하기 때문이다. 우리나라는 동쪽이 높고 서쪽이 낮은 지형이라 대부분의 강들이 동서 방향 혹은 동북 방향에서 서남 방향으로 자리 잡고 결국 동쪽에서 서쪽으로 흘러 서해로 흘러든다. 따라서 비옥한 농경지가 한반도 서부 지역에 더 발달해 있기 때문에 한반도 중서부 지역에 위치한 한강 중하류 일대가 중심이 될 수밖에 없었다. 또 한강 유역은 강남과 강북을 오가며 서남한 지역과 서북한 지역과의 교역을 이룰 수 있는 매우 중요한 위치에 자리 잡고 있다.

　정리하자면 식수 및 농업 용수가 풍부하며, 따라서 농업 생산물, 풍부한 생산물의 식량을 함께 얻을 수 있고, 교역의 중심지 역할을 할 수 있는 한강 중하류 일대의 지정학적, 경제적 가치 때문에 삼국 시대 이래로 서로 한강 유역을 차지하려고 경쟁을 벌였던 것이다. 특히 서해안을 통해 중국과의 교류(정치적, 군사적, 교섭과 경제적 무역)를 하기 위해서는 한강 유역을 차지하는 것이 반드시 필요했다.

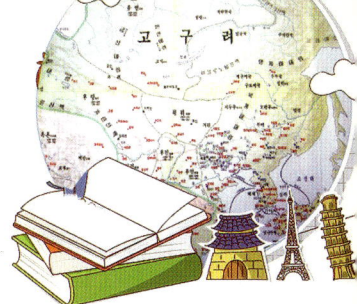

1 한강을 가리키는 순우리말과 그 뜻을 위 글에서 찾아 쓰시오.

　(1) 순우리말 : _____

　(2) 뜻 : _____

2 다음 중 위 글의 내용과 맞지 <u>않는</u> 것은?　　　　　　　　　　　(　　　)

　① '아리수'는 한강만을 가리키는 말이다.
　② 신라는 진흥왕 때 한강 유역을 차지했다.
　③ 한강 유역을 차지하면 중국과 교류하기 쉬웠다.
　④ 우리나라의 대부분의 강은 동쪽에서 서쪽으로 흐른다.
　⑤ 한강이 중요한 것은 한반도의 중앙에 위치하기 때문이다.

3 삼국이 한강 유역을 차지하였을 때 고구려, 신라, 백제의 왕은 누구였는지 이 글에서 찾아 다음의 표를 정리해 보시오.

백제	고구려	신라
• 4세기 근초고왕 • 한강 이북 지역에서 남해안까지 영토를 확장함	• 5세기 (　　　　) • 백제를 공격하여 한강 유역을 차지, 신라를 도와 왜구를 물리침	• 6세기 (　　　　) • 백제와 힘을 합쳐 고구려를 공격하여 한강 상류 지역 차지함

한국사능력시험 확인문제

다음 내용과 관계가 있는 왕은 누구인가?　　　　　　　　　　(　　　)

> 인재 양성을 위해 화랑 제도를 정비하였고, 백제와 힘을 합쳐 고구려를 공격하여 한강 상류 지역을 차지하였다.

　① 성왕　　　② 진흥왕　　　③ 장수왕　　　④ 소수림왕

미션 공략]
역사 속으로

※ 다음 글을 읽고 물음에 답하시오.

삼한 이야기

　삼한은 삼국이 건국되기 이전부터 한반도에 자리 잡고 있던 집단들의 구성체로, 아직 나라라고 보기에는 부족했던 마한, 진한, 변한을 함께 이르는 말이다.

　마한은 지금의 대전과 전북 익산 지역에 위치하였던 나라로, 54개의 작은 나라로 이루어져 있었다. 그 나라들 중 가장 강력했던 국가는 목지국이었다. 후에 온조왕이 백제를 건국하여 마한의 여러 국가를 복속시킨다.

　진한은 경북 대구와 경주 지역에 위치했던 나라로, 12개의 작은 나라로 이루어졌다. 가장 강력했던 국가는 경주에 자리 잡은 사로국이었다. 후에 이 사로국을 중심으로 박혁거세가 신라를 세워 진한을 통합한다.

　변한은 경남 김해와 마산 지역에 위치하고 있었다. 진한과 마찬가지로 12개의 작은 나라로 이루어졌다. 변한은 후에 가야 연맹으로 발전하게 된다. 특히 변한은 철이 많이 생산되어 한나라와 일본에까지 수출을 하였다.

　삼한은 사회와 제정(제사와 정치)이 분리되어 있었다. 부족장은 세력의 크기에 따라 신지, 견지, 부례, 읍차 등으로 불리었다. 제사의 제사장은 ㉠<u>천군</u>이라고 하여 소도라는 신성스러운 곳에서 살면서 농경과 종교에 대한 의례를 주관하였다. 소도에는 나무 기둥 끝에 하늘의 뜻을 전한다고 생각했던 새를 조각하여 하늘에 기원하는 솟대라는 것이 세워지기도 하였다. 그리고 농경이 발달되어 있어, 치수를 위한 저수지가 많이 만들어졌다. 그리고 제천 행사로는 수릿날과 5월제, 10월제 등이 있었다.

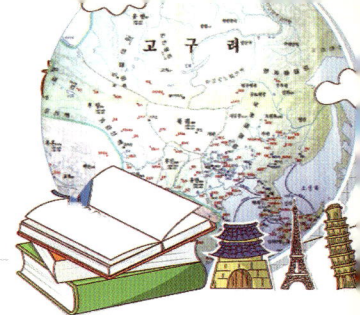

1. 다음 중 '삼한'에 대한 설명으로 알맞지 <u>않은</u> 것은? ( )

① 변한은 12개의 작은 나라로 이루어졌다.
② 삼한은 마한, 변한, 진한을 함께 이르던 말이다.
③ 신라가 건국되어 마한의 여러 국가를 복속하였다.
④ 진한 중 가장 강력했던 국가는 경주 사로국이었다.
⑤ 삼한은 소도라는 신성스러운 곳에서 의례를 지냈다.

2. ㉠'천군'은 다음 중 어떤 사람을 가리키는 말이었는가? ( )

① 왕　　　② 장군　　　③ 상인　　　④ 제사장　　　⑤ 부족장

3. 소도에 세워진 솟대에 새를 조각한 이유는 무엇 때문인지 위 글에서 찾아 써 보시오.

_____

● 학천도사의 재미있는 역사 이야기

마한, 진한, 변한의 뜻?

　삼한의 세 나라의 이름은 각각 뜻을 지니고 있습니다. 마한은 '마'가 '맏형'할 때의 '맏' 처럼 '으뜸, 첫째'라는 뜻을 지니는 말입니다. 그러니까 '마한'이라는 말은 삼한 중 가장 먼저 생겨났고 힘도 가장 세다는 뜻이 있는 이름인 것입니다.
　진한에서 '진'은 '진국'과 관련이 있습니다. 기록에 진한을 옛날의 진국이라고 하고 있으니까요. 마지막으로 변한은 '변진'이라고도 했습니다. '변'의 의미에 대해서는 여러 가지 설이 있는데, 진한에서 갈라져 나온 것과 관련이 있다고 볼 수 있습니다. 이렇듯이 나라의 이름도 각기 나름의 뜻이 있습니다.

미션 공략] # 역사 속으로

※ 다음 글을 읽고 물음에 답하시오.

가야의 역사

↑ 가야의 철제 투구와 갑옷

가야는 지금의 경상남도 남서쪽과 전라남도 동쪽에 위치했던 연맹체 국가였다. 삼한 시대에는 변한 12국이 존재했으나 가야가 건국되면서 9국이 통합되어 6가야로 변천하였고, 그 중심에 금관가야에는 우두머리왕이라는 뜻의 수로왕이 자리매김하고 있었다.

수로왕 때에는 동쪽에 있던 신라와 경쟁하며 오히려 신라보다 국력이 센 적이 있었다. 수로왕이 신라의 접대가 소홀하다며 신라 관리를 처단했음에도 신라왕이 어찌지 못했던 것으로 본다면, 당시 신라가 가야보다 국력이 약했던 것이 분명하다. 하지만 연맹 국가라는 성격상 국력이 크는 데는 어느 정도 한계가 있었고, 결국 신라에게 추월당하게 되었다.

수로왕이 죽은 후에 아들인 거등왕이 즉위하면서 금관가야가 5가야를 통제하는 것은 사실상 불가능해졌고, 위기 의식을 느낀 거등왕은 201년 2월 신라에 사신을 파견하기에 이른다. 신라와 화친을 맺음으로써 5가야의 이탈을 막겠다는 것이었지만, 신라에게 반감을 갖고 있던 5가야의 반발을 불러일으켰고, 궁극적으로 금관가야의 종주권을 잃게 만들고 말았다. 결국 금관가야는 더 이상 5가야에게 있어 종주국이 아닌 6가야의 한 연맹국으로 전락하고 만다.

이렇게 힘을 잃어가던 가야는 신라와 백제 사이에서 위협을 받으며 서서히 무너져가 결국 신라에 의해 562년 멸망한다. 삼국과 달리 각 소국이 유달리 강력했던 관계로 특별히 중심이 된 강국이 등장하지 못해 완전히 중앙 집권화된 국가 체제가 완성되지 못하고 부족 국가의 연맹 수준에서 머물렀던 것이 멸망의 원인으로 지적되고 있다. 가야는 김해 지방에서 생산되는 질 좋은 철을 바탕으로 나라의 힘을 키웠으며 지금의 일본인 왜 등과 교역을 하기도 했다. 가야의 철기 문화는 뛰어난 수준으로 평가된다.

1 가야가 다른 나라보다 강력한 나라일 수 있었던 이유는 무엇인가?　　　(　)

① 질 좋은 철이 생산되었기 때문에
② 수많은 나라들을 정복했기 때문에
③ 많은 사람들이 살고 싶어했기 때문에
④ 오랜 역사를 자랑하는 나라였기 때문에
⑤ 백제, 신라와 교류하면서 경제적으로 풍요로웠기 때문에

2. 가야국을 통합하고 금관가야의 우두머리 왕이라고 불린 인물은 누구인지 쓰시오.

_____

3. 562년에 가야를 멸망시킨 나라를 쓰시오.

_____

4. 가야가 멸망한 원인을 위 글에서 찾아 정리해 보시오.

_____

_____

 한국사능력시험 확인문제

가야 문화를 알아보고자 할 때, 해당되는 내용으로 적절한 것은? (   )

① 서원 탐방 / 여행지 : 안동
② 청해진을 찾아서 / 여행지 : 완도
③ 철기 문화의 발자취 / 여행지 : 김해, 고령
④ 청자 만들기 체험 / 여행지 : 강진

[파이널 미션 창의 논술 쓰기]

Let's Go! 논술

앞서 고구려 유리왕의 '황조가'를 배우면서 우리는 옛 이야기에는 겉으로 드러난 의미 이외에 그 안에 깔린 다른 뜻이 있다는 것을 알 수 있었습니다. 그렇다면 고구려, 신라, 가야의 시조들이 모두 알에서 태어났다는 이야기 역시 그 안에는 다른 정치적 의도 같은 것이 담겨 있을 수 있습니다. 실제로 사람이 알에서 태어날 수는 없는 일이니까요. 알이 의미하는 바를 생각해서 세 시조 이야기에 담긴 의미를 생각해 보고, 옛 이야기들을 어떻게 받아들여야 할지 자신의 생각을 써 보시오. (250자 내외)

60

120

옛 이야기에는 있는 그대로 받아들이기 힘든 내용이 많다. 따라서 그것을 겉의 내용만을 가지고 잘못된 이야기라고 하면 안된다. 그러면 옛 이야기를 어떻게 받아들여야 할지 생각을 정리해서 써 보자.

180

240

300

360

미션 클리어

삼국의 성립과 발전에 대해 잘 알았나요?

역사에서는 기록이 무척 중요합니다. 그런데 먼 옛날에 대해 역사책에서 다룬 내용을 보면 고개를 갸우뚱거리게 되는 때가 있습니다. 단군 신화만 보아도 단군이 환웅과 '곰'의 자손이니까요. 물론 여기서 곰은 곰을 믿는 부족의 여자를 뜻하는 것은 알겠지요? 고구려, 신라, 가야의 세 시조가 알에서 태어났다는 이야기도 있는 그대로 받아들이는 것은 어리석은 일입니다. 사람이 알에서 태어날 수는 없으니까요. 따라서 그러한 옛 이야기들은 그 안에 담긴 의미를 생각해 보며 읽는 것이 중요합니다. 그러한 교훈을 얻었다면 이번 미션은 잘 수행했다고 볼 수 있습니다.

자, 그렇다면 이제는 삼국의 문화에 대해 알아보러 가 봅시다 고! 고!

삼국, 찬란한 문화를 꽃피우다

미션 설명

✪ 신라의 금관

✪ 백제 금동 대향로

　삼국 시대는 찬란한 문화를 꽃피운 시기입니다. 옆의 사진들 속의 문화재는 신라와 백제의 문화재입니다. 두 문화재를 보고 어떤 느낌이 드나요? 이처럼 찬란하고 정교한 아름다움을 자랑하는 것이 삼국의 여러 문화재들입니다. 이번 시간에는 이런 문화재를 만들 수 있었던 삼국의 문화와 발전 과정에 대해서 알아보도록 합시다.

학습 목표
1. 고구려, 백제, 신라 삼국의 발전 과정에 대해서 이해할 수 있다.
2. 삼국의 문화가 갖는 각각의 특징을 이해하고 이를 서로 비교할 수 있다.
3. 신라의 골품제와 화백 회의의 내용과 그 문제점을 알 수 있다.
4. 화백 제도와 오늘날의 다수결 제도에 대해 이해할 수 있다.

관련 교과
사회 5-1 1단원 하나 된 겨레 (3) 삼국의 성립과 발전

관련 도서
한류의 원조 백제 문화
동화로 읽는 우리 문화유산 이야기

삼국의 '전성기'를 열었던 왕들 이야기

미션 공략] ## 교과서 속으로

※ 다음 글을 읽고 물음에 답하시오.

삼국은 그 나라의 자연환경에 적응하면서도 서로 영향을 주고받으며 제각기 특색 있는 문화를 발전시켜 나갔다.

험한 자연환경을 극복하며 성장한 고구려는 강인하고 힘찬 문화를 발전시켰다. 돌무덤인 장군총과 말을 타고 활을 쏘며 사냥하는 장면을 그린 수렵도 등을 통해 고구려인들의 문화 수준과 씩씩하고 굳센 기상을 엿볼 수 있다.

백제는 경제적인 풍요를 바탕으로 중국의 선진 문물을 받아들이면서 예술적 솜씨가 돋보이는 문화를 남겼다. 벽돌로 만든 무덤인 무령왕릉, 백제의 서산 용현리 마애여래 삼존상과 백제 금동 대향로는 백제인들의 뛰어난 공예 기술과 예술적 수준을 잘 보여 준다.

신라는 고구려와 백제 문화의 영향을 받으며 자신만의 문화를 만들어 냈다. 무덤에서 발견된 천마도와 금관 등 여러 가지 유물들을 통해 신라의 문화 수준을 짐작할 수 있다. 또한 선덕 여왕 때 만들어진 첨성대는 그 시대에도 천문 과학 기술이 발전했음을 보여 준다.

철을 많이 수출하였던 가야 지역에서는 다양한 철기 유물들이 발견된다. 철제 칼과 창을 비롯한 철제 갑옷 등 철로 만든 다양한 유물들은 당시 가야에서 철기 문화가 발달했음을 보여 준다. 그리고 가야 토기 등 여러 가지 문화재와 지금까지 전해지는 가야금을 통해 가야의 문화 수준이 높았음을 짐작할 수 있다.

— 5학년 1학기 사회 교과서 1. 하나 된 겨레 (3) 삼국의 성립과 발전

1 각 나라와 문화적 특징을 바르게 연결하시오.

(1) 고구려 •   • ㉠ 철기 문화가 발달함
(2) 백제 •   • ㉡ 강인하고 힘찬 문화임
(3) 신라 •   • ㉢ 고구려, 백제의 영향을 받음
(4) 가야 •   • ㉣ 중국의 선진 문물을 받아들임

앞에서 삼국이 어떻게 세워지고 발전했는지 살펴보았지? 삼국은 각자에 맞는 찬란한 문화를 발전시켰단다. 이번에는 그러한 삼국의 문화에 대해 알아보자.

2 위 글의 내용으로 볼 때, 다음 그림은 어느 나라의 그림이었을지 쓰시오.

_____

3 다음 중 백제의 문화와 관련이 없는 것은?　　　　　　　　　　　(　　　)

① 무령왕릉은 벽돌로 만들었다.
② 경제적인 풍요가 바탕이 되었다.
③ 뛰어난 공예 기술을 가지고 있었다.
④ 높은 예술적 수준을 지니고 있었다.
⑤ 고구려와 신라 문화의 영향을 받았다.

4 첨성대를 통해 알 수 있는 것은 무엇인지 쓰시오.

_____

▶ 학천도사의 재미있는 역사 이야기

고구려가 강인한 문화를 남긴 이유는?
　고구려의 문화는 백제나 신라와 조금 다른 모습을 보여 줍니다. 그것은 고구려가 처한 환경과 관련이 있습니다. 고구려가 차지한 곳은 지금의 북한과 중국의 경계인 압록강 주변이라 할 수 있습니다. 그런데 이곳은 사람들이 살기에 적합한 곳이 아니었습니다. 산으로 둘러싸인 데다가 땅은 농사 짓기에 적합하지 않았던 것이지요. 그래서 고구려는 다른 나라를 침범하고 정복해야 했습니다. 그래야 살아가는 데 필요한 식량과 물자를 얻을 수 있었지요. 그러니 사냥을 하고 전쟁을 하는 모습을 그리거나 그와 관련된 유물을 많이 남겼던 것입니다.

미션 공략]

교과서 속으로

※ 다음 글을 읽고 물음에 답하시오.

> 고구려는 삼국 중 가장 먼저 불교를 받아들였다. 중국의 왕이 스님과 그 일행을 고구려에 보냈고, 그들은 불상과 불경을 가지고 들어와 머물면서 고구려에 불교를 전해 주었다. 고구려의 뒤를 이어 백제도 곳곳에 절을 짓는 등 적극적으로 불교를 받아들여 전파하였다.
>
> 신라에도 고구려를 통해 불교가 전해졌으나 바로 인정받지는 못하였다. 전통 신앙을 믿으며 권력을 누리던 귀족들이 불교에 반발하였기 때문이었다. 그러나 신라는 법흥왕 때 이차돈의 순교로 불교를 나라의 종교로 받아들이게 되었다. 이후 삼국의 불교는 왕실의 보호를 받으며 백성들에게 널리 퍼져나갔다.
>
> 삼국에 전래된 불교는 '왕이 곧 부처'라는 생각을 바탕으로 하고 있었기 때문에 백성들이 왕을 부처와 같이 섬기도록 하면서 왕권을 강화시켜주는 데 큰 역할을 하였다.
>
> – 5학년 1학기 사회 교과서 1. 하나 된 겨레 (3) 삼국의 성립과 발전

1 삼국이 불교를 받아들인 순서대로 쓰시오.

___

2 불교가 삼국에 전해진 순서로 보아, 우리나라의 불교는 어느 나라를 통해 들어왔을지 생각해서 쓰시오.

___

3 신라에서 불교가 바로 인정받지 못한 이유는 무엇 때문이었는지 위 글에서 찾아 써 보시오.

___

4. 신라에서 불교가 바로 인정받지 못했던 사실을 통해 알 수 있는 당시 신라의 상황을 써 보시오.

_____

_____

5. 삼국에 전파된 불교가 왕권을 강화시켜주는 역할을 하게 된 이유는 무엇인지 위 글에서 찾아 쓰시오.

_____

_____

6. 종교는 절대자인 신에 대한 순수한 믿음이라는 측면과 건강을 빌고 성공을 신께 기원하는 두 측면이 있다. 삼국이 불교를 공인한 의도가 과연 둘 중 어떤 것과 관계 있는지 생각해 보고 그러한 의도가 타당한지 아닌지 친구들과 토론해 보시오.

 한국사능력시험 확인문제

다음 이야기와 관련된 나라와 종교는? (   )

> 왕은 새로운 종교를 받아들일 방법을 모색하고 있었다. 이때 이차돈이 찾아와 자신의 목숨을 바치겠다고 하였다. …… 이차돈이 처형되는 순간 목에서 흰 피가 솟구치고 하늘에서 꽃비가 내렸다고 한다. 이를 지켜본 사람들은 새로운 종교를 믿게 되었다.

① 고구려 – 도교 ② 신라 – 유교
③ 신라 – 불교 ④ 백제 – 대종교

미션 3 53

미션 공략]
교과서 속으로

※ 다음 글을 읽고 물음에 답하시오.

> 삼국의 문화는 서로 비슷하면서도 달랐다. 세 나라의 금으로 만든 유물을 통해서도 그러한 점을 발견할 수 있다. 유물의 형식이 다른 것은 각 나라의 문화적 특징과 각 나라에서 추구하는 것이 달랐음을 보여 준다.
>
> 고구려의 금동 장식에는 둥근 원 안에 ㉠태양을 상징하는 삼족오를 새기고, 테두리 안에는 봉황과 용을 새겨 넣었다.
>
> 백제의 무령왕릉에서 발견된 금으로 만든 관장식은 ㉡왕과 왕비의 것이 서로 다른 모양을 하고 있다. 왕의 것은 불꽃 모양의 문양에 동그란 얇은 금판을 금실로 달았다. 왕비의 것은 중심부의 연꽃 받침 위에 놓인 병을 중심으로 활짝 핀 꽃의 모습을 하고 있으며 좌우 대칭으로 표현하여 안정된 형태를 띠고 있다.
>
> 신라의 금관은 테두리 위에 나뭇가지 장식이나 사슴뿔 모양의 장식이 있다. 그리고 둥근 모양의 얇은 금판과 반달 모양의 옥돌을 달아 ㉢화려한 느낌을 준다.
>
> – 5학년 1학기 사회과탐구 1. 하나 된 겨레 (3) 삼국의 성립과 발전

◐ 삼족오

1 삼국의 유물의 형식이 다른 이유는 무엇인지 위 글에서 찾아 쓰시오.

2 위 글에서 다음 〈보기〉의 빈 칸에 들어갈 신성한 상상 속의 동물을 찾아 써 보시오.

> 보기
>
> 옛날부터 중국에서는 태양 속에 다리가 셋 달린 까마귀가 산다고 믿었습니다. 이 까마귀를 _____라고 하는데, 중국은 물론 고구려의 벽화에서도 발견된답니다. 말하자면 예로부터 까마귀는 태양의 상징이었던 것입니다.

3 다음 중 신라 금관에 대한 설명으로 알맞지 <u>않은</u> 것은? (   )

① 나뭇가지 장식이 있다.
② 사슴뿔 모양의 장식이 있다.
③ 옥돌을 달아 화려한 느낌을 준다.
④ 둥근 모양의 얇은 금판을 달았다.
⑤ 불꽃 모양의 금판이 금실에 달려 있다.

4 ㉠~㉢을 통해 알 수 있는 삼국의 특징을 추측하여 써 보시오.

(1) 고구려 : _____

(2) 백제 : _____

(3) 신라 : _____

한국사능력시험 확인문제

다음 유물들을 이용하여 '책 만들기'를 하려고 한다. 책의 제목으로 가장 적절한 것은? (   )

- 고구려의 금동 장식
- 무령왕릉 출토 금동 신발
- 성덕 대왕 신종

① 삼국의 불교 문화
② 삼국의 고분 미술
③ 삼국의 금속 공예
④ 삼국의 무속 신앙

길동이와 함께
떠나는 오늘은
_____월 ____일

미션 공략] 역사 속으로

※ 다음 글을 읽고 물음에 답하시오.

(가) 영양왕 9년(598년) 고구려는 요하를 넘어 요서에 대한 공격을 감행하였다. 이에 대하여 수나라 황제인 문제는 군대를 동원하여 육지와 바다 양쪽으로 반격하였다. 그리고 다음 황제인 양제에 이르러서는 고구려에 대한 일대 침략이 시도되었다. 양제는 자신이 건설한 대운하를 통하여 운반된 곡식을 군량으로 삼고, 113만여 명의 대군으로 요하를 넘어 고구려를 공격해 왔다.

◐ 살수대첩 기록화

그러나 수나라 군은 요동성 공격에서 실패하고 만다. 그래서 우문술과 우중문이 거느린 별동대 30만 5000명을 파견하여 평양을 직접 공격하게 하였다. 그러나 을지문덕의 지혜로운 작전에 속아 살수대첩에서 크게 패하고 말았다. 그 후에도 양제는 여러 번 고구려를 공격하였으나 모두 실패로 돌아갔다.

(나) 수나라가 망하고 당나라가 중국을 통일하니, 고구려는 당나라의 공격을 예상하고 천리장성을 쌓아 국방을 굳게 했다. 이즈음 고구려에는 연개소문이 권력을 잡고 있었다. 연개소문은 강력한 대외 정책을 써서 당나라나 신라에 대항하고, 백제의 공격에 대항하기 위하여 도와주기를 청하는 신라 김춘추의 청을 거절하고 한강 유역의 반환을 요구하였다. 이를 계기로 당나라 태종의 고구려 침략이 실시된 것이다.

◐ 안시성 전투 기록화

당나라 태종은 요하를 건너 고구려의 몇 개 성을 함락하였으나 안시성을 차지하지 못했다. 그 후에도 몇 차례 고구려를 침략하였으나 실패하였다.

> 삼국이 성립되고
> 고구려, 백제, 신라는 각 국의 고유한 문화를 발전시켰다.
> 이번 시간에는 각국의 전쟁, 불교 도입, 교육 기관 등에 대해
> 알아보도록 하자.

1. 수나라가 고구려를 침략했을 때 살수에서 수나라 대군을 크게 물리친 인물은 누구인지 쓰시오.

---

2. 수나라와 맞서 싸워 크게 이긴 전쟁의 이름을 무엇이라고 하는지 위 글에서 찾아 쓰시오.

---

3. 위 글에서 고구려가 당나라의 공격을 예상하고 쌓은 성의 이름을 쓰시오.

---

4. 위 글을 통해 알 수 있는 사실은 무엇인가? ( )

① 고구려인들의 화려함
② 백제인들의 용맹스러움
③ 신라인들의 패기와 섬세함
④ 백제인들의 온화함과 섬세함
⑤ 고구려인들의 씩씩하고 굳센 기상

> **학천 어드바이스**
> 수나라, 당나라 등 강대국 등의 침략에 당당히 맞서 싸운 고구려 사람들에게서 느낄 수 있는 것이 무엇인지를 생각해 보면 돼.

미션 3 **57**

미션 공략]

역사 속으로

※ 다음 글을 읽고 물음에 답하시오.

삼국의 불교 도입

○ 이차돈 순교비

고구려는 삼국 중에서 불교를 가장 먼저 받아들였다. 그 이유는 왕권을 강화하기 위해서였다. 삼국 중에서 왕권이 가장 먼저 확립된 나라는 고구려라고 볼 수 있다. 그리고 중국의 문물도 육로를 통해서 신라나 백제보다 더 빠르게 수입이 되었다. 고구려가 불교를 수용하고 공인한 때는 소수림왕 때였다.

고구려 다음으로는 삼국 중에서 백제가 두 번째로 불교를 수용했다. 그 이유는 신라는 중국과 동떨어져 있었기 때문이다. 고구려는 육로와 바닷길이 모두 열려 있었고, 백제는 바다를 통해 중국으로 갈 수 있었지만 신라는 동해안에 접해 있어 중국으로 가는 길이 쉽지 않았다. 백제 또한 왕권 강화를 위해 침류왕 때 불교를 받아들이고 나라 차원에서 공인하였다. 불교의 석가모니는 인도의 왕자였으며 이러한 불교의 특성 때문에 자연스럽게 왕과 왕족을 중심으로 불교가 받아들여진 것이다.

신라는 삼국 중에서 가장 나중에 불교를 받아들였다. 그런데 신라는 고구려와 백제와 달리 처음부터 불교를 받아들이거나 공인하지 않았다. 고구려, 백제는 불교가 들어오자마자 거의 동시에 국가 차원에서도 불교를 받아들였지만 신라는 그렇지 않았다. 그 이유는 신라는 고구려, 백제보다 상대적으로 왕권보다는 신권(신하의 권리)이 더 강력한 나라였기 때문이다. 왕이 불교를 인정하려고 해도 신하들이 반대하면 받아들일 수 없을 만큼 신라의 왕권은 약했던 것이다. 신라의 귀족들은 왕권을 강화시키는 불교의 수용을 반대하고 나섰다. 왕이라고 해서 모두 자기 마음대로 할 수 없었던 것이 고대 사회의 특징이었다. 이렇게 불교를 공인하는 것을 두고 왕과 신하들 간의 힘 겨루기가 있었다. 신라에는 눌지왕 때 불교가 전해졌다. 그 후 신라 법흥왕 때가 되어서야 겨우 불교가 공인되었다. 이렇게 법흥왕이 불교를 공인하는 데 큰 역할을 한 인물이 있다. 그는 이차돈이라는 신라의 관료였다.

어휘 풀이
- **공인** : 국가나 공공 단체 또는 사회 단체 등이 어느 행위나 물건에 대하여 인정함
- **관료** : 직업적인 관리. 또는 그들의 집단. 특히, 정치에 영향력이 있는 고급 관리를 이른다.

1 불교를 공인한 삼국의 왕의 이름을 위 글에서 찾아 써 보시오.

(1) 고구려 : _____

(2) 백제 : _____

(3) 신라 : _____

2 〈보기〉에서 설명하고 있는 인물의 이름을 위 글에서 찾아 쓰시오.

> 보기
>
> 신라 사람으로서 불교를 이용하여 왕권을 강화하려는 왕과 왕권의 강화를 막으려는 귀족들 사이에서 그의 죽음은 신라가 불교 공인을 할 수 있었던 결정적 계기가 되었다. 이처럼 한 종교를 위해 죽음을 맞이하는 것을 순교라고 하는데, 그의 순교는 신라에서 불교의 공인이 쉽지 않았음을 말해 준다.

_____

3 신라의 불교 공인이 바로 이루어지지 않은 이유는 무엇 때문인지 위 글에서 찾아 쓰시오.

_____

4 신라가 불교를 처음에 공인하지 못한 것을 통해 알 수 있는 고대 사회의 특징은 무엇인지 위 글에서 찾아 쓰시오.

_____

[미션 공략]

역사 속으로

※ 다음 글을 읽고 물음에 답하시오.

삼국의 교육 기관

(가) 고구려가 오늘날의 학교 교육에 해당하는 교육을 시작한 것은 중국에서 불교가 들어오고, 또 모든 정치 체제 및 사상이 중국식으로 바뀌었던 소수림왕 2년부터이다. 이때 등장한 태학은 우리나라의 역사에서 가장 오래된 학교라고 할 수 있다. 또한 고구려의 교육 기관으로 주목할 만한 것은 경당이다. 경당을 통해 고구려의 교육 사상의 특징을 정리하면 다음과 같다.

첫째, 개국한 후 차츰 일반 사람들에게 널리 교육이 실시되었다는 것, 둘째, 교육은 소년기에서부터 청년기에 걸쳐 실시되었다는 것, 셋째, 글 공부와 함께 무술도 함께 교육을 했다는 것, 특히 활쏘기를 배웠다는 점은 고구려의 경당이 신라의 화랑과 마찬가지로 교육 기관인 동시에 군사적인 훈련 기관이기도 했다는 것을 말해 준다. 넷째, 교과 내용의 범위가 넓고 그 수준이 높은 것으로 미루어 보아 경당은 초등 교육부터 고등 교육까지를 겸한 기관이었다는 것 등이다.

(나) 백제는 고이왕 25년(285년)에 박사 왕인이 일본에 《논어》와 《천자문》을 전했고, 또 근초고왕 29년(364년)에 고흥을 박사로 삼아 《서기》(백제의 역사책)를 짓게 했다. 그리고 무령왕 때에는 5경 박사 단양이와 고안무 등과 같은 학자들을 일본에 보내어 일본의 문화 성장을 도왔다. 또한 백제 성왕 1년(523년)에 양나라에 사신을 보내어 모시 박사를 청해 온 사실, 무왕 3년(592년)에 승려 관륵이 달력이나 여러 책들을 일본에 전한 사실로 미루어, 백제 역시 고구려의 태학과 같은 교육 기관을 가지고 있었다는 점을 알 수 있다. 그리고 그것이 태학이라고 불렸을 가능성이 높다. 또한, 유교를 중심으로 한 교육이 행하여졌음이 분명하다.

(다) 신라는 고구려나 백제보다 중국으로부터 멀리 떨어진 곳에 위치했기 때문에 그 문화의 수입도 다소 늦었다. 그러나 이러한 여건은 신라로 하여금 고유의 문화를 유지하게 하며 외래 문화를 수용하게 하였다. 그렇게 만들어진 것이 바로 화랑들을 교육하는 화랑도이다. 신라가 비록 학교 설립에 있어서는 고구려나 백제에 뒤지고, 또 중국식의 태학과 같은 학교 교육 기관은 없었다고 하더라도, 교육의 사명이 인재를 많이 키워내는 것과 백성들을 가르

○ TV 드라마 속의 화랑의 모습

치는 일에 있다고 한다면, 신라 고유의 화랑 교육은 고구려·백제의 태학·경당과 비교해도 손색이 없다.

어휘 풀이
- **사명** : 맡겨진 임무나 역할을 이름
- **손색** : 다른 것과 견주어 보아 못한 점

1. 다음 중 위 글의 내용과 일치하는 설명으로 알맞은 것은? ( )

① 신라의 교육 기관은 삼국 중에서 가장 먼저 세워졌다.
② 고구려 경당에서는 글 공부와 함께 무술도 가르쳤다.
③ 백제의 교육은 유교보다 불교를 중심으로 교육되었다.
④ 화랑 교육은 경당이나 태학에 비해 제대로 된 역할을 못했다.
⑤ 백제 무령왕 때에는 일본의 학자들이 백제로 와 문화를 전했다.

2. 고구려의 경당과 같은 기능을 한 신라의 교육 제도는 무엇인지 쓰시오.

_____

3. 백제의 고흥이 근초고왕 30년에 처음으로 올랐다는 백제 고유의 관직명은 무엇인지 찾아 쓰시오.

_____

4. 위 글을 통해 알 수 있는 신라 화랑 제도의 특징으로 알맞은 것은? ( )

① 교과 내용의 범위가 넓었다.
② 고구려의 영향을 많이 받았다.
③ 남녀 모두 평등한 교육을 받았다.
④ 태학, 경당과 같은 교육 기관이었다.
⑤ 박사들을 통해 일본에 문화를 전해 주었다.

미션 공략] 역사 속으로

※ 다음 글을 읽고 물음에 답하시오.

신라의 골품제와 화백 회의

(가) 골품제는 신라 시대의 신분 계층을 구분하는 제도를 말한다. 성골, 진골, 6두품, 5두품, 4두품 등으로 구분되었다. 성골은 양친 모두 왕족인 자로 진덕왕 때까지 왕위를 독차지하였다. 진골은 부모님 가운데 한쪽이 왕족인 자로 태종 무열왕 때부터 왕위를 계승하였다. 제1위관인 이벌찬에서 제5위관인 대아찬까지를 진골에서 독차지하고, 6두품~4두품은 제6위관인 아찬 이하 제17위관인 조위까지의 관직을 가질 수 있었다.

골품제는 신라의 국가 형성기에 만들어져서 신라가 삼국 통일을 거쳐 멸망에 이를 때까지 약 4백 년 동안 신라 사회를 규제하는 바탕으로 작용하였다.

(나) 신라의 화백 회의의 기원은 아주 오래되었다. 국가 체제의 성립과 함께 발달하여, 처음에는 6촌 사람들이 모여 나라의 일을 의논하였다. 그러다가 뒤에는 진골 이상의 귀족이나 벼슬아치의 모임으로 변하여 일종의 군신 합동 회의, 귀족 회의, 또는 모든 신하들이 참가하는 회의의 성격을 띠게 되었다.

화백 회의는 국가에 중대사가 있을 때 개최되고, 회의의 참석자는 일반 백성이 아니라 군사와 장수였다. 또한 한 명의 반대자가 있어도 통과되지 않는, 다수결이 아닌 전원 일치로 성립되는 회의 체제였다. 국가의 중대사에 참여자 전원의 의견을 수렴해서 결정한다는 화백 회의의 정신은 후일 고려 시대의 도병마사회의에서도 볼 수 있다.

화백 회의 중에 견해가 일치하지 않으면 각자 옆 방으로 가서 마음을 가라앉히고 개인의 사사로운 이익이 아니라 나라와 민족을 위한 것이 어떠한 일인가를 다시 생각하였다고 한다. 그리고 나서 만장일치가 될 때까지 다시 회의를 하여 나라 일을 결정했다고 한다. 이런 점으로 볼 때 화백 회의는 소수의 의견도 존중하여 나라와 민족에 도움이 되는 결정을 하고자 만든 훌륭한 제도라 할 수 있다.

어휘 풀이
- **군신 합동 회의** : 임금과 신하가 함께 모여서 하는 회의
- **중대사** : 매우 중요하고 큰 일이나 사건
- **도병마사회의** : 고려 시대 군사 문제, 국방 문제 등을 회의하던 기구
- **만장일치** : 모든 사람의 의견이 같음 또는 같도록 함

1 골품제란 무엇을 말하는지 위 글에서 찾아 써 보시오.

_____

2 다음 중 신라의 골품제에 대한 설명으로 잘못된 것을 두 가지 고르시오. (,   )

① 4백 년 동안 신라 사회를 규제하는 바탕이었다.
② 성골은 양친 모두 왕족인 사람의 신분을 말한다.
③ 6두품도 능력에 따라 제1위관인 이벌찬이 될 수 있다.
④ 진골들만이 이벌찬에서 대아찬까지 벼슬을 할 수 있다.
⑤ 신라가 삼국을 통일할 때에야 비로소 만들어지기 시작했다.

3 다음 중 화백 회의에 대한 설명으로 옳지 않은 것은? (   )

① 다수결이 아닌 전원 일치로 성립되는 회의 체제였다.
② 처음에는 6촌 사람들이 모여 나라의 일을 의논하였다.
③ 모든 사람의 의견이 만장일치가 될 때까지 회의를 계속하였다.
④ 화백 회의 정신은 고려의 도병마사회의에서도 확인할 수 있다.
⑤ 국가에 중대사가 있을 때 백성들이 모여 회의를 하던 제도이다.

4 신라 골품제의 문제점이 무엇인지 생각해 보고 정리해서 써 보시오.

_____

[파이널 미션 창의 논술 쓰기]

Let's Go! 논술

※ 다음 글을 읽고 물음에 답하시오.

> 오늘날 다수결 제도를 채택하고 있는 우리들이 보기에 신라의 화백 회의는 운영하기 무척 어려운 제도였을 것이라고 추측이 됩니다. 하지만 한 사람이라도 반대하면 안 되는 만장일치제를 채택하고 있는 화백 회의는 가장 높은 수준의 의사 결정 방법이라고 할 수 있을 것입니다. 그것은 반대 의견을 어떻게 할 것인가 하는 문제에 대해 화백 회의와 오늘날의 다수결 원칙을 비교해 보면 분명하게 알 수 있습니다.
>
> 오늘날의 다수결 원칙에서는 소수의 의견은 무시될 수 있습니다. 한 명이라도 더 찬성하는 의견이 있다면 그것이 채택되므로 찬성하는 인원이 많으면 다수결에서는 소수를 굳이 신경 쓸 필요가 없습니다. 하지만 화백 회의 같은 만장일치제는 그렇지 않습니다.

왜 화백 회의 같은 만장일치제가 가장 수준 높은 의사 결정 방법인지 위의 내용을 참고하여 써 보고, 오늘날 왜 다수결로 의사 결정을 하는지에 대해서도 생각해서 써 보시오. (300자 내외)

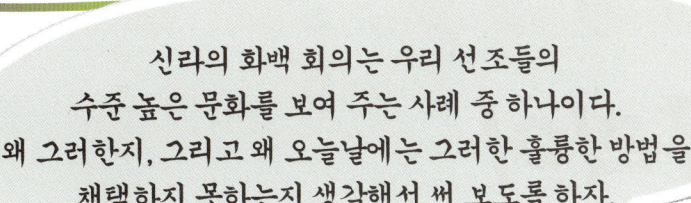 

신라의 화백 회의는 우리 선조들의 수준 높은 문화를 보여 주는 사례 중 하나이다. 왜 그러한지, 그리고 왜 오늘날에는 그러한 훌륭한 방법을 채택하지 못하는지 생각해서 써 보도록 하자.

미션 클리어

고구려, 백제, 신라와 가야의 문화에 대해 잘 알았나요?

우리 선조들은 무척 높은 수준의 문화를 발전시켰습니다. 후손으로서 무척 자랑스럽죠? 그러한 문화를 아끼고 보살펴서 잘 계승하는 것이 우리들이 선조들의 훌륭한 문화에 대해 가져야 할 태도일 것입니다. 하지만 우리 선조들의 문화가 좋다고 해서 무조건 채택할 수는 없는 노릇입니다.

가장 훌륭한 의사 결정 방식인 화백 회의에도 문제가 없는 것은 아닙니다. 예전에 TV 드라마로 방송되었던 〈선덕여왕〉에도 주인공인 '덕만(미래의 선덕여왕)'이 화백 회의의 문제점을 지적하는 내용이 나옵니다. 그리고 단점뿐만 아니라 오늘날 그대로 적용하기에도 문제가 있는 것이 사실입니다.

하지만 그렇다고 예전의 문화를 낡은 것이라고 여기고 무시해 버리는 것도 적절한 태도는 아닐 것입니다. 결국 우리 선조들의 훌륭한 문화에 대해 '온고지신(溫故知新)', 즉 옛것을 익히고 그것을 미루어서 새것을 안다는 태도를 지니는 것이 좋을 것입니다.

자, 그렇다면 이제는 신라의 삼국 통일에 대해 알아보기로 합시다.

신라, 삼국을 통일하다

미션 설명

이 사진은 신라, 당나라 연합군과 백제 간에 벌어졌던 황산벌 전투를 다룬 영화의 포스터입니다. 신라는 660년 당나라와 연합군을 결성하여 백제를 공격합니다. 백제의 계백 장군은 5천 결사대와 함께 지금의 충청남도 연산에 위치한 황산벌에서 신라와 당나라 연합군에 맞서 싸우지만 모두 전사하게 됩니다. 그리고 사비성으로 달려간 나당 연합군에 의해 백제는 멸망합니다. 나당 연합군은 668년에는 고구려 평양성을 공격해 함락시킵니다. 이번에는 신라가 삼국 통일을 이룬 과정에 대해 알아보도록 합시다.

학습 목표
1. 신라의 삼국 통일의 과정에 대해 알 수 있다.
2. 신라의 삼국 통일을 이룬 김유신, 김춘추 등과 삼국의 여러 인물에 대해서 이해할 수 있다.
3. 신라의 삼국 통일 과정을 교훈 삼아 오늘날 남북 통일의 올바른 방향에 대해 생각해 볼 수 있다.

관련 교과
사회 5-1 1단원 하나 된 겨레 (4) 삼국 통일과 발해

관련 도서
역사로드 한국사 2
연개소문 계백 김유신
만파식적

신라는 어떻게 삼국 통일을 했는가?

황산벌 전투

길동이와 함께
떠나는 오늘은
_____월 _____일

미션 공략] **교과서 속으로**

※ **다음 글을 읽고 물음에 답하시오.**

　신라는 한강 유역을 차지한 후에도 여전히 고구려에 위협을 받고 있었고, 백제의 공격을 받아 여러 영토를 잃고 어려움에 처해 있었다. 이에 신라는 당나라를 끌어들였다. 당나라 역시 혼자 힘으로는 고구려를 정복할 수 없다는 생각에 신라와 손을 잡게 되었다.

　당나라와 연합한 신라는 먼저 백제를 공격하였다. 당시 백제는 정치적인 혼란으로 연합군의 공격을 막아 내기에는 힘이 부족하였다. 백제의 계백 장군은 5천 명의 군사로 신라의 김유신이 이끄는 5만 명의 군사와 황산벌에서 전투를 벌였으나 패하였다. 백제는 신라와 당나라의 연합군에 의해 사비성이 함락되면서 멸망하였다.

　신라와 당나라 연합군은 백제를 멸망시킨 후 고구려를 공격하였지만, 고구려군은 이들의 공격을 잘 막아 내었다. 그러나 연개소문이 죽자 자식들 간에 권력 다툼이 일어나면서 고구려의 국력이 급격히 쇠퇴하였다. 이 틈을 노린 신라와 당나라 연합군은 고구려를 공격하였다. 결국 평양성이 함락되면서 고구려는 멸망하게 되었다.

　백제와 고구려가 멸망하자 당나라는 신라까지 지배하려고 하였다. 이에 신라의 문무왕은 한반도에서 당나라 군사를 몰아내기 위하여 당나라와 전쟁을 벌였다. 이 전쟁에는 고구려와 백제의 유민들까지 함께 참여하여 싸웠다. 김유신 등의 활약으로 신라는 마침내 당나라의 세력을 몰아내고 삼국 통일을 완성하였다.

　신라의 삼국 통일은 고구려, 백제, 신라의 사람들을 하나로 모아 민족 문화의 발전을 위한 토대를 마련하였다는 점에서 의의가 있다. 그러나 신라의 삼국 통일은 당의 힘을 빌려 이루어졌고, 고구려 북쪽 영토를 잃어 한반도 전체의 통일을 이루지는 못했다는 한계가 있다.

- 5학년 1학기 사회 교과서 1. 하나 된 겨레 (4) 삼국 통일과 발해

1 신라가 당나라와 연합하게 된 이유는 무엇인지 위 글에서 찾아 써 보시오.

_____

신라는 삼국 통일을 위해 오랫동안 노력했단다. 그러한 노력에 대해 알아보자. 그리고 그 과정에서 중요한 역할을 한 김유신과 태종 무열왕이 되는 김춘추가 어떤 사람인지 알아보자.

2 당나라가 신라와 손잡은 이유는 무엇인가? ( )

① 삼국을 통일하기 위하여
② 신라를 좋아했기 때문에
③ 왜를 멸망시키기 위하여
④ 고구려를 정복하기 위하여
⑤ 고조선의 영토를 회복하기 위하여

3 백제와 고구려의 멸망 원인은 무엇인지 위 글에서 찾아 정리해 보시오.

(1) 백제 : _____

(2) 고구려 : _____

4 신라의 삼국 통일의 의의와 한계를 정리해서 써 보시오.

(1) 의의 : _____

(2) 한계 : _____

미션 공략] 교과서 **속**으로

※ 다음 글을 읽고 물음에 답하시오.

> 수양제가 군대를 이끌고 또다시 고구려를 침략해 왔다. 을지문덕은 수나라의 진영을 찾아가 항복을 빌미로 상황을 살피고 돌아왔다. 수나라 군대는 오랜 전투로 지쳐 있었고, 식량도 부족하여 어려운 상황이었지만 을지문덕의 작전에 휘말려 평양성 부근까지 진군하였다. 이때 을지문덕은 수나라 장수에게 다음과 같은 시를 보냈다.
>
>> 그대의 신기한 작전은 하늘의 이치를 알았고
>> 오묘한 계획은 땅의 이치를 깨달았구려.
>> 전쟁에 이겨서 그 공이 이미 크니
>> 만족한 줄 알고 전쟁을 멈추는 것이 어떠하오.
>
> 마침 수나라 군대는 남은 식량도, 싸울 힘도 없었기 때문에 후퇴하기로 하였다. 그러자 을지문덕 장군은 수나라 군대가 되돌아가는 길목을 지키고 있다가 그들이 살수에 이르렀을 때, 수나라 군대의 주력 부대를 공격하여 전멸시켰다.
>
> – 5학년 1학기 사회과탐구 1. 하나 된 겨레 (4) 삼국 통일과 발해

1 위 글의 중심 이야기는 다음 중 어느 때 일어난 일인가? (   )

① 고려와 몽고의 전쟁
② 조선과 일본의 전쟁
③ 신라와 당나라의 전쟁
④ 고구려와 수나라의 전쟁
⑤ 고구려와 당나라의 전쟁

2 〈보기〉는 을지문덕이 우중문에게 쓴 시에 대한 설명이다. 이로 보아 위의 시를 통해 을지문덕이 말하고자 한 바는 무엇인지 써 보시오.

> 보기
> 이 시는 겉으로는 상대방인 우중문을 칭찬하는 것처럼 꾸미면서 속으로는 거꾸로 상대방을 비꼰 것이라고 볼 수 있다.

_____

3 수나라와의 전쟁에서 을지문덕이 승리할 수 있었던 이유는 무엇인지 위 글의 내용을 바탕으로 써 보시오.

___

___

4 위 글을 통해 배울 수 있는 교훈으로 알맞은 것은? ( )

① 다른 나라를 침략할 때는 군사들을 잘 먹여야 한다.
② 어려울 때일수록 용감하고 지혜롭게 대처해야 한다.
③ 나라에 충성하고 부모님께 효도하는 삶을 살아야 한다.
④ 다른 사람에게 좋은 말을 많이 하는 사람이 되어야 한다.
⑤ 우물 안 개구리가 되지 않기 위해서 여행을 많이 해야 한다.

학천도사의 재미있는 역사 이야기

전쟁에서 이기는 다른 방법?

살수대첩이 벌어진 곳은 지금의 청천강입니다. 청천강은 북한 땅인 평안북도와 평안남도를 가르며 서해로 흘러가는 강입니다. 살수대첩은 당시 고구려군의 힘센 기상을 잘 보여 줍니다. 당시 수나라가 고구려를 치기 위해 동원한 병력이 백만 명이 넘었다고 합니다. 그런데도 평양성은커녕 요동성도 함락시키지 못했다지요. 그래서 급해진 우중문이 별동대로 30만 명 정도를 모아서 청천강을 건너 평양성에 이르게 됩니다. 그 과정에서도 을지문덕 장군의 유인 작전에 속게 됩니다. 그러다 수나라군은 오랜 원정에 굶주리고 지칩니다. 이때 을지문덕 장군이 쓴 계책이 바로 우중문에게 시를 쓴 것입니다. 그제야 우중문은 고구려군에 속은 걸 알고 다시 돌아가려다 청천강에서 전멸하기에 이른 것이지요. 《삼국사기》의 기록에 의하면 수나라군이 다시 요동성에 도착했을 때 남은 인원이 2700명에 불과했다고 합니다. 을지문덕 장군이 우중문에게 보낸 시와 살수대첩은 전쟁에서 단지 군사의 힘으로만 승리하는 것이 아님을 우리에게 가르쳐 줍니다. 어때요? 우리 선조인 고구려 사람들의 지혜가 감탄스럽지 않습니까?

미션 공략] **교과서 속으로**

※ 다음 글을 읽고 물음에 답하시오.

> 당나라는 고구려를 멸망시킨 후 고구려 땅을 직접 다스리려고 하였으나, 고구려 사람들은 잃어버린 나라를 되찾기 위해 당나라에 거세게 저항하였다. 당나라는 고구려 유민들이 대항하지 못하도록 그들을 강제로 당나라 땅 이곳저곳에 옮겨 살게 하였다.
> 이때 당나라로 끌려간 대조영은 거란의 반란을 틈타 고구려 유민 및 말갈족을 거느리고 당나라에 맞섰다. 대조영은 무리를 이끌고 동모산 근처에 도읍을 정하고 발해를 건국하였다.
> 대조영의 뒤를 이은 무왕은 발해가 고구려를 계승한 나라임을 주변국에 알리면서 이 땅의 주인이라는 사실을 분명하게 하였다. 그리고 그는 고구려의 옛 영토를 회복해 나가기 시작하여 나중에는 옛 고구려의 땅보다 더 넓은 영토를 차지하게 되었다.
>
> – 5학년 1학기 사회 교과서 1. 하나 된 겨레 (4) 삼국 통일과 발해

1 당나라가 고구려의 땅을 직접 다스리지 못한 것은 무엇 때문인지 그 이유를 위 글에서 찾아 쓰시오.

_____

2 발해의 구성원은 어느 나라 출신이었는지 위 글에서 찾아 써 보시오.

_____

3 발해를 건국한 시조와 그의 뒤를 이어 고구려의 옛 영토를 회복한 사람은 누구인지 쓰시오.

   (1) 발해의 시조 : _____

   (2) 고구려의 옛 영토를 회복한 왕 : _____

4 발해가 고구려를 계승한 나라라고 볼 수 있는 이유를 위 글에서 찾아 정리해 보시오.

_____

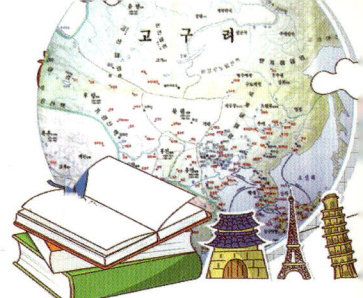

※ 다음 글을 읽고 물음에 답하시오.

신라가 삼국을 통일하는 데 가장 큰 역할을 한 인물은 김유신과 김춘추(훗날 태종 무열왕)이다.

김유신은 금관가야의 후손이었지만 신라의 귀족 사회에서는 그를 인정하지 않았다. 그러나 김유신은 자신의 어려운 처지에 굴하지 않았다. 그리고 김유신의 여동생이 김춘추와 결혼을 하게 되자 이 둘은 처남 매부 사이가 되었고, 이 일을 계기로 두 사람은 두터운 관계를 유지하며 후에 삼국 통일의 기반을 다졌다.

진골 출신으로 왕족이었던 김춘추는 웅변에 능통하고 외교 능력이 뛰어나 외국에 여러 차례 사신으로 다녀왔다. 백제의 침략으로 신라가 어려움을 겪게 되자 김춘추는 고구려로 가서 연개소문을 만나 도움을 요청하였다. 그러나 고구려와의 협상이 실패로 돌아가자 김춘추는 당나라로 건너가 외교 담판을 벌여 백제 정벌을 위한 당나라 군대의 지원을 약속받았다. 그는 진덕 여왕의 뒤를 이어 진골 출신 최초로 신라의 왕이 되었다. 왕이 된 후 그는 김유신을 앞세워 백제를 멸망시키면서 삼국 통일의 발판을 마련하였다.

– 5학년 1학기 사회과탐구 1. 하나 된 겨레 (4) 삼국 통일과 발해

어휘 풀이
능통하고 : 사물의 이치에 훤히 통달하고
담판 : 서로 맞선 관계에 있는 쌍방이 의논하여 옳고 그름을 판단함

1 신라가 삼국 통일의 기초를 닦는 데 큰 역할을 한 두 사람의 이름을 쓰시오.

2 위 글과 일치하는 내용이 아닌 것은? ( )

① 김유신은 신라 금관가야의 후손이었다.
② 김춘추는 6두품 출신으로 최고 화랑이었다.
③ 김유신은 자기 여동생을 김춘추와 결혼시켰다.
④ 김춘추는 웅변에 능하고 외교 능력이 뛰어났다.
⑤ 김유신과 김춘추는 삼국 통일에 큰 역할을 하였다.

길동이와 함께 떠나는 오늘은 _____월 ____일

미션 공략] ## 역사 속으로

※ 다음 글을 읽고 물음에 답하시오.

황룡사 9층 목탑을 세운 이유

↑ 황룡사 9층 목탑 모형

신라 시대 때 불교는 일반적 종교라기보다는 '호국' 불교의 의미를 지녔다. 신라의 불교는 호국 불교, 즉 나라를 지키는 불교였던 것이다. 그러한 호국 불교의 전통은 조선 시대까지 내려오는 데 임진왜란 때의 승병들이 좋은 예이다.

신라 사람들이 황룡사 9층 목탑을 세운 것은 고려의 팔만대장경과 마찬가지로 부처님의 힘으로 나라를 지키겠다는 의지를 나타내기 위해서였다. 황룡사 9층 목탑은 각각의 층이 당시 동북아의 아홉 나라를 의미한다. 또한 부처님의 힘을 빌어 당시 약소국이었던 신라가 침략을 받지 않게 해달라는 의미를 지니고 있다.

전해 오는 이야기에 따르면 신라의 스님인 자장율사가 중국을 여행할 때 한 연못에서 나타난 신령스러운 사람이 자장율사에게 이렇게 말하였다고 한다.

"그대의 나라는 여왕이 다스리고 있어 다른 나라의 침입에 멸망 당할 위험이 많소. 황룡사의 호법룡[불교를 보호하는 용]은 바로 나의 맏아들인데 신의 명령을 받고 그 절을 호위하고 있는 것이오. 지금 신라로 돌아가면 절 안에 9층 탑을 세우도록 하시오. 그리하면 이웃 나라들이 모두 항복하고 동방의 아홉 나라가 조공해 올 것이며 나라가 길이 평안할 것이오."

이 말을 듣고 신라로 돌아온 자장율사는 여왕에게 황룡사 목탑을 세우자고 하였다. 결국 황룡사 목탑은 나라를 이웃 나라의 침입에서 지키려는 뜻에서 지은 것이라 할 수 있다. 또 황룡사 9층 목탑을 크게 지음으로써 신라왕의 권위를 높이려는 의미도 있다. 즉 신라왕의 권위를 이용하여 신라의 백성들을 단결시키려는 의도도 있었던 것이다. 이러한 황룡사 9층 목탑은 삼국 통일의 염원이 담긴 건축물이라고 할 수 있다.

어휘 풀이 → 조공 : 종속국이 종주국에 때를 맞추어 예물을 바치던 일. 또는 그 예물

신라의 삼국 통일에는 여러 의의와 한계가 있단다. 그러한 삼국 통일을 이루는 과정과 그 과정에 있었던 여러 가지 것들에 대해 알아보자.

1 '호국 불교'의 뜻이 무엇인지 위 글에서 찾아 쓰시오.

___

2 황룡사 9층 목탑의 9층이 의미하는 바가 무엇인지 위 글에서 찾아 쓰시오.

___

3 부처님의 힘을 빌어 나라를 지키겠다는 의지로 만든 것 두 가지를 위 글에서 찾아 쓰시오.

___

4 황룡사 9층 목탑을 지은 것에는 어떤 의도가 있는지 위 글에서 모두 찾아 쓰시오.

___

● 학천도사의 재미있는 역사 이야기

황룡사 9층 목탑의 아홉 나라?

　황룡사 9층 목탑에 대해 잘 알아보았나요? 이 탑은 9층 탑답게 높이가 80여 미터나 되었다고 합니다. 그리고 만드는 데에도 백제의 탑 장인인 아비지(阿非知) 등을 비롯해 무려 200여 명의 장인들이 참여했다고 합니다. 그런데 나무로 만들다 보니 불에 약했습니다. 그래서 만들어진 지 50년 만인 효소왕 7년(698년)에 벼락을 맞아 불에 탔다고 합니다. 그런 것을 여러 번 고쳐서 그 모습이 유지되었으나, 고려 고종 25년(1238년)에 고려를 침범한 몽고군에 의해 다시 불에 탔지요. 그리고 오늘날에는 경주에 황룡사의 터만 남아 있을 뿐입니다. 안타까운 일입니다.

　이 탑의 9층은 당시 신라 주변의 아홉 나라를 나타낸다고 했지요. 그 아홉 나라는 다음과 같습니다. 1층은 일본, 2층은 중화, 3층은 오월, 4층은 탁라, 5층은 응유, 6층은 말갈, 7층은 거란, 8층은 여진, 9층은 예맥 등이었습니다. 낯선 이름의 나라도 있는데요, 일본을 제외한 나머지 나라는 모두 중국과 북방의 나라라고 생각하면 됩니다.

미션 4 **77**

미션 공략] # 역사 속으로

※ 다음 글을 읽고 물음에 답하시오.

문무왕릉이 바다 한가운데 있는 이유는?

당나라가 고구려의 옛 땅은 물론 백제의 옛 땅까지도 자신들의 영토로 삼으려 하자, 문무왕은 김유신에게 명하여 당나라 세력을 몰아내게 하였다. 또한 고구려 유민의 부흥 운동을 돕는 등 여러 가지 방법으로 당나라에 대항하여, 마침내 676년(문무왕 16년)에 당나라 세력을 몰아내고 대동강 원산만 이남의 땅을 차지하는 삼국 통일을 이루었다.

그러다 681년 문무왕이 죽자, 유언에 따라 화장한 뒤 경주 양북면 봉길리 앞바다의 대왕암에 장사 지냈다. 문무왕의 유언은 동해의 큰 용이 되어 왜구로부터 나라를 지키겠다는 것이었는데, 그러한 유언에 따라 화장한 유골을 이곳에 뿌렸다고 전해진다. 문무왕은 죽기 전에 스님인 지의법사와 이런 이야기를 나누었다고 한다.

"내가 죽은 다음에는 큰 용이 되어 불법을 받들고 이 나라를 지키려 하오."

그 말에 지의법사가 "용은 짐승인데 어찌 왕께선 용이 되시려 합니까?"라고 물었다.

문무왕은 이에 "나는 인간 세상의 영화를 싫어한 지 이미 오래되었소. 만약 짐승인 용으로 다시 태어난다면 그것은 오히려 나의 소망에 꼭 맞을 것이오."라고 대답했다. 이 대화에서 문무왕의 나라 사랑 정신을 엿볼 수 있다.

어휘 풀이
- 화장 : 시체를 불에 살라 장사 지냄
- 영화 : 몸이 귀하게 되어 이름이 세상에 빛나는 일, 잘 먹고 잘 사는 일

1 문무왕의 업적으로 가장 알맞은 것은? ( )

① 불교 공인
② 삼국 통일
③ 당나라 정벌
④ 골품제 시행
⑤ 한강 유역 차지

2. 위 글에서 문무왕의 유언이 무엇인지 찾아 쓰시오.

3. 문무왕이 2번과 같은 유언을 남긴 이유는 무엇인지 위 글에서 찾아 쓰시오.

● 학천도사의 재미있는 역사 이야기

만파식적이라는 피리

　죽어 신라를 지키겠다는 문무왕 유언과 관련된 유물은 문무왕릉 외에도 만파식적이라는 피리가 있습니다. 문무왕이 죽고 통일 신라를 다스리게 된 신문왕은 문무왕을 위하여 동해변에 감은사를 지어 추모했다고 합니다. 그러던 어느 날 신문왕은 감은사에서 묵기로 했다지요. 그런데 한 용이 나왔습니다. 그 용은 문무왕과 김유신 장군이 보냈다고 하며 이러한 말을 했답니다. "한 섬이 흘러내려 왔을 때, 그 섬은 반으로 갈라졌다. 하지만 밤에는 다시 합쳐지기를 반복할 것이다. 그리고 그 섬에서 대나무가 자라는데, 그 대나무로 피리를 만들어 불면 이름 그대로 큰 파도가 잠잠해지듯이 통일 신라를 평화롭게 지켜주고 나라의 질병과 전쟁도 막아 줄 것이니 그 피리로 나라를 잘 다스리라"라는 것이지요. 그래서 신라에서는 그 피리를 매우 소중히 여겼다는 전설이 남아 있답니다. 문무왕릉이나 만파식적을 보면 문무왕이 통일 신라를 얼마나 사랑했는지 알 수 있겠지요?

[미션 공략]

역사 속으로

※ 다음 글을 읽고 물음에 답하시오.

백제와 고구려의 최후의 결전

(가) 신라는 당나라와 5만 명이 넘는 연합군을 결성하여 백제를 공격하였다. 김유신과 당나라 소정방이 이끄는 나당 연합군이 백제의 요충지인 탄현(대전 동쪽 마도령)과 백강으로 쳐들어오자 백제의 계백 장군은 좌평 충상, 달솔 상영과 함께 결사대 5천여 명을 이끌고 황산벌(지금의 충청남도 연산)로 나가 싸웠다.

계백은 싸움터에서 옛날 월나라 왕 구천이 5천 명의 군사로 오나라 왕 부차의 70만 대군을 무찌른 예를 들면서, 전쟁의 승리는 군사의 많고 적음에 있는 것이 아니라 정신력에 있다며 군사들의 용기를 북돋아 주었다. 이에 보답이라도 하듯 5천 명의 백제군은 김유신이 이끄는 5만의 신라군과 맞서 네 차례의 싸움에서 모두 이겼다.

계백은 먼저 공격해 온 화랑 반굴을 죽이고, 홀로 공격해 온 관창을 사로잡았다. 어린 관창의 용기를 높이 산 계백은 관창을 여러 번 살려 보냈으나, 관창이 계속 공격해 오자 할 수 없이 관창의 목을 베어 말 안장에 매달아 신라 진영으로 돌려보냈다. 그러자 두 화랑의 용기 있는 죽음을 보고 분노한 신라군은 총공격을 펼쳤다.

5만의 신라 대군과 대적하기에는 백제군의 숫자가 너무 적었고, 결국 계백 장군과 5천 결사대는 모두 전사하였다. 이후 나당 연합군은 사비성을 함락하고 의자왕과 백제 사람 만 삼천여 명을 잡아감으로써 백제는 멸망하였다.

(나) 660년 백제를 멸망시킨 나당 연합군은 곧바로 고구려의 평양성을 공격하지만 전투가 계속되는 중에 눈이 내리자 포위를 풀고 철수한다. 그런데 666년에 당시 고구려의 권력자였던 연개소문이 죽자 그가 오랫동안 지켜 왔던 막대한 권력을 둘러싸고 싸움이 벌어진다. 나당 연합군이 다시 쳐들어 오자 연개소문의 다른 아들들은 당나라에 항복하려고 하지만 연남산, 연남건 등은 끝까지 평양성을 수호하려고 최선을 다한다. 연남생은 두 동생을 설득하지 못하자 결국 당나라로 가서 벼슬을 받고 당나라의 앞잡이가 되어 소정방이 이끄는 당나라군이 평양성을 함락하는 데 도움을 준다. 거센 공격에 점차 힘을 잃어가던 고구려군을 지휘하던 연남산이 항복을 하고 남건은 자결을 하려고 하였

○ 영화 '평양성' 포스터

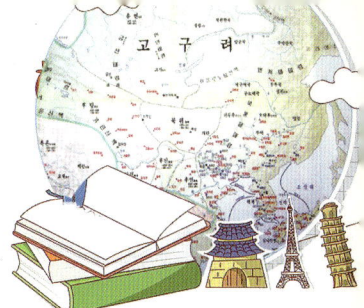

으나 성공하지 못하고 결국 나당 연합군에 잡혀 처형 당한다.

1 황산벌 전투에서 계백 장군이 여러 번 관창을 신라 진영으로 살려 보낸 이유는 무엇일지 생각해 보고 간단히 그 이유를 써 보시오.

_____

2 백제의 5천 결사대는 자신들보다 10배나 많은 신라군에 맞서 네 번이나 승리를 거두었다. 하지만 결국 신라가 승리를 거두었는데, 그 이유는 무엇인지 생각해서 써 보시오.

_____

_____

3 위 글을 통해서 알 수 있는 고구려가 평양성 전투에서 패하고 멸망 당할 수밖에 없었던 두 가지 원인을 써 보시오.

(1) : _____

_____

(2) : _____

_____

미션 4 **81**

미션 공략]

역사 속으로

※ 다음 글을 읽고 물음에 답하시오.

또 하나의 전쟁, 나당 전쟁

668년 고구려가 멸망하자 당나라는 고구려에 대한 공포심에 질려 고구려의 흔적조차 없애버리려는 한편, 자신에게 반항하는 유일한 세력인 고구려를 멸망시켰으므로 한반도를 자신들의 지배 아래 두고자 하였다. 한 가지 다행스러운 점은 고구려가 당나라에게 큰 피해를 입혀 당나라 또한 많이 약해져 있었다는 것이다.

⊙ 매소성 전투 기록화

당나라의 속셈은 5개 도독부를 백제의 옛 땅에 설치하고 신라 또한 계림 도독부로 이름 붙인 것으로 드러났다. 이렇게 당나라가 본격적으로 한반도를 집어 삼키려고 하자 신라가 반격을 시작한다. 신라는 고구려 보장왕의 아들인 안승으로 하여금 고구려 부흥 운동을 하도록 돕고, 뒤이어 옛 백제에 대대적인 공격을 가하여 당나라군을 궁지에 몰게 된다.

하지만 당나라 장수 설인귀의 20만 대군이 공격해 오자 신라군의 대다수는 두려움에 질려 전쟁에 의욕을 잃어버린다. 이때를 틈타 당나라군이 신라를 공격하고, 신라는 크게 패하여 후퇴하기도 하였다.

하지만 신라군은 다시 전열을 가다듬고 매소성에서 당나라군과 대규모 혈전을 벌여 승리를 거둔다. 이를 매소성 전투라고 한다. 당시 신라군의 규모는 3만여 명 정도였던 반면에 당나라군은 20만 명이나 되었다고 한다. 이러한 수적 열세에도 불구하고 신라는 기병을 효과적으로 제압하는 장창으로 무장한 장창병을 앞세워 큰 승리를 거두었으니 이 전투를 통해 신라군이 얼마나 강력한 정예병이었는지 알 수 있다. 신라군은 여세를 몰아 한반도 내 모든 당나라군을 충남 지역의 금강 하류의 기벌포에서 크게 이기게 된다. 이로써 신라는 한반도에서 완벽한 자주 세력으로 남게 된다.

> 어휘 풀이
> **계림** : 신라의 수도였던 경주의 옛 이름

1. 매소성 전투와 기벌포 싸움 등을 통해 신라군의 어떤 점을 알 수 있는지 써 보시오.

2. 매소성 전투와 기벌포 싸움 등을 통해 신라는 당나라와의 전쟁에서 승리하였다. 이러한 나당 전쟁의 승리가 갖는 역사적 의의가 무엇인지를 생각해 보고 간단히 정리해 보시오.

3. 삼국 통일 당시 신라 사람들은 고구려, 백제, 당나라 사람들을 어떻게 생각했을지 나당 전쟁 이전과 이후로 나누어 상상하여 각각 정리하시오.

(1) 나당 전쟁 이전 :

(2) 나당 전쟁 이후 :

[파이널 미션 창의 논술 쓰기]

Let's Go! 논술

신라의 삼국 통일에는 의의도 있지만, 한계 또한 있다. 그 한계를 참고하여 오늘날 남한과 북한의 통일이 어떻게 이루어지면 좋을지 써 보시오.
(250자 내외)

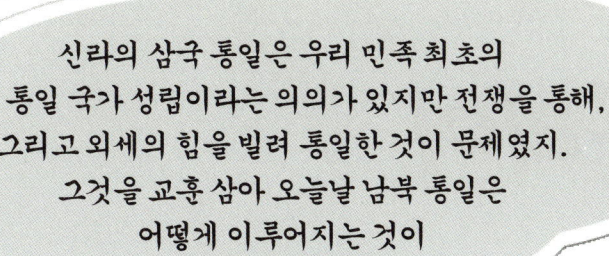

신라의 삼국 통일은 우리 민족 최초의 통일 국가 성립이라는 의의가 있지만 전쟁을 통해, 그리고 외세의 힘을 빌려 통일한 것이 문제였지. 그것을 교훈 삼아 오늘날 남북 통일은 어떻게 이루어지는 것이 좋을지 생각해 보자.

240

300

360

420

미션 클리어

　신라의 삼국 통일에 대해서 잘 알았나요? 신라의 삼국 통일은 우리 민족 최초의 통일이라는 큰 의의가 있습니다. 하지만 힘이 없었던 탓에 당나라라는 외국 세력을 끌어 들인 점은 그 한계라고 할 수 있습니다. 그리고 전쟁에 의해 통일을 이룬 것도 바람직한 것만은 아닐 것입니다. 이러한 신라의 삼국 통일 과정과 방식은 오늘날 남북이 분단되어 있는 우리에게도 많은 생각할 거리를 던져 줍니다.

　먼저 외세의 힘이 아닌 우리들의 힘만으로 통일을 이루는 것이 중요하다는 점을 알려 줍니다. 그리고 신라인을 비롯해 백제, 고구려 사람들의 희생과 고통을 떠올려 본다면 전쟁이 아니라 평화로운 방식으로 통일하는 것이 필요하다는 점도 알 수 있겠지요.

　이렇듯이 과거의 역사지만 오늘날의 현실에도 많은 교훈을 줄 수 있습니다. 그러니 역사를 공부하며 그러한 교훈을 얻으려는 태도를 가져야 하겠지요?

　자, 그렇다면 다음에는 통일 신라 사회와 발해에 대해 알아보기 위해 가 봅시다~. 힘차게 고! 고!

통일 신라와 발해

미션 설명

이 두 지도를 통해 고구려의 전성기(5세기)와 발해 전성기(9세기 초) 때를 비교할 수 있습니다. 고구려와 발해의 영토가 비슷하지 않나요? 신라는 삼국을 통일했지만 고구려의 영토를 대부분 잃었습니다. 그 영토에 새롭게 들어선 것이 고구려의 후예인 발해입니다. 이번 시간에는 통일 신라와 발해에 대해서 알아봅시다.

학습 목표
1. 고구려의 후예인 발해의 건국 과정과 대조영에 대해서 알 수 있다.
2. 통일 신라 후기의 신라 사회의 문제점들을 이해할 수 있다.
3. 중국의 동북공정에 대해 알고 비판할 수 있다.

관련 교과
사회 5-1. 1단원 하나 된 겨레 (5) 통일 신라와 발해 사람들

관련 도서
대조영과 발해, 문화 유산으로 보는 역사 한마당
태조 왕건 관련 도서

고구려의 후예, 발해

길동이와 함께
떠나는 오늘은
_____월 _____일

미션 공략] 교과서 속으로

※ 다음 글을 읽고 물음에 답하시오.

　　신라에는 엄격한 신분 제도인 골품제가 있었다. 신라 사람들은 태어나면서부터 골품제에 따라 여러 등급의 신분으로 나뉘었으며, 신분에 따라 관직의 직급, 집의 크기, 옷의 색깔, 장신구까지 차별을 받았다. 골품제 때문에 능력이 있어도 관직에 오르지 못하는 사람들이 있었다.
　　귀족들은 큰 기와집에 살았고 많은 노비와 사병을 거느렸다. 그들은 풍족한 경제생활을 기반으로 호화로운 생활을 하였다. 또한 화려한 연회를 열거나 놀이를 하는 등 여유로운 생활을 하였다.
　　평민들은 누에를 치거나 농사를 지으면서 생활하였고 주로 초가집에서 살았다. 그들은 나라에 세금을 냈으며, 성을 짓는 등 나라에 큰일이 있을 때에는 동원되어 일을 하였다.
　　나라에서는 세금을 거두기 위해 마을에 관리를 보내 마을의 규모와 인구, 땅의 크기, 가축의 종류와 수 등을 조사하였다.
　　통일 신라는 삼국을 통일한 뒤 백성의 마음을 하나로 모으기 위하여 이전보다 불교를 더 중요하게 여겼다. 그래서 통일 신라 시대에는 ㉠불교문화가 발전하게 되었다.

— 5학년 1학기 사회 교과서 1. 하나 된 겨레 (5) 통일 신라와 발해 사람들

1 신라의 신분 제도는 무엇인지 쓰시오.

_____

2 통일 신라가 불교를 더 중요하게 여긴 까닭은 무엇인지 위 글에서 찾아 쓰시오.

_____

90 한국사 논술

삼국을 통일한 신라 사회에는 그 전과 다른 변화가 있었다. 또 옛 고구려의 땅에는 대조영이 발해를 건국하고 발전을 해 나갔다. 이번에는 통일 신라의 신분 제도였던 골품제와 발해의 독특한 문화에 대해 알아보자.

3 신라에서 마을에 관리를 보내 마을의 규모와 인구, 땅의 크기, 가축의 종류와 수 등을 조사한 이유는 무엇인지 위 글에서 찾아 써 보시오.

4 ㉠을 통해 변화한 모습을 추측한 내용으로 알맞지 <u>않은</u> 것은? ( )

① 절이나 불상, 탑 등이 많이 만들어졌을 것이다.
② 불교 경전을 공부하는 사람이 늘어났을 것이다.
③ 불교를 많은 사람에게 전파하려 하였을 것이다.
④ 당나라로 유학을 가는 사람들이 많아졌을 것이다.
⑤ 불교가 사람들의 생활에 많은 영향을 끼쳤을 것이다.

5 통일 신라가 불교를 더 중요하게 여긴 것은 통일 과정과 관련이 있다. 당나라와 연합하여 백제, 고구려와 전쟁을 치러야 했고, 또 당나라와도 전쟁을 벌여야 했던 과정에서 백성들이 어떤 일을 겪었을지 생각해 보고, 그러한 점을 불교에 대한 중시와 연관 지어 설명해 보시오.

미션 공략] 교과서 **속**으로

※ 다음 글을 읽고 물음에 답하시오.

↑ 최치원

신라는 신분 제도가 엄격하게 지켜지는 골품제 사회였기 때문에 등급에 따라 관직에 오르는 데 제약을 받았다. 특히 6두품은 귀족이었지만, 성골이나 진골과 달리 높은 관직에 오를 수 없었고, 나라의 중요한 결정에 참여할 수도 없었다.

최치원은 어린 나이에 당나라로 유학을 떠나 과거에 합격하여 당나라 관리가 되었다. 하지만 최치원은 자신의 고국에서 뜻을 펴고자 신라로 돌아왔다. 그러나 6두품이었던 최치원은 신분의 한계를 느낄 수밖에 없었다. 최치원은 중국인들에게는 존경을 받는 유학자였지만, 신라에 돌아와서는 6두품이라는 신분의 한계 때문에 자신의 뜻을 펴기가 어려웠다.

– 5학년 1학기 사회과탐구 1. 하나 된 겨레 (5) 통일 신라와 발해 사람들

1 위 글을 통해 알 수 있는 신라 사회의 특징으로 알맞은 것은? ( )

① 자기만의 교육 기관이 없는 사회였다.
② 능력에 따라 인재를 골고루 등용했다.
③ 군사력이 강해 백성들이 모두 부유했다.
④ 신분 제도가 엄격하게 지켜지는 사회였다.
⑤ 서민도 나라의 중요한 일을 결정할 수 있었다.

2 최치원에 대한 설명으로 알맞지 <u>않은</u> 것은? ( )

① 당나라의 관리가 되었다.
② 6두품이었던 신분의 한계를 느꼈다.
③ 중국인들에게 존경받는 유학자였다.
④ 당나라 출신으로 신라로 유학을 왔다.
⑤ 고국에서 뜻을 펴고자 신라로 돌아왔다.

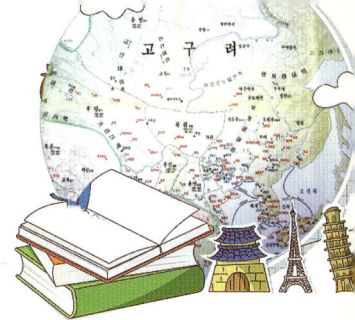

3 위 글의 최치원과 허균이 지은 '홍길동전'의 '길동'의 공통점은 무엇인지 생각해서 써 보시오.

4 위 글의 최치원과 같은 차별이 오늘날에도 없다고 할 수 없다. 혹시 우리와 피부색이 다르다는 이유로 다문화 가정의 자녀들을 무시하거나 차별한 적은 없는지 생각해 보자. 그리고 최치원이 당시 느꼈을 심정을 상상해 보고 왜 다문화 가정의 자녀 같은 친구들을 차별하면 안 되는지 써 보시오.

미션 공략] **교과서 속으로**

※ 다음 글을 읽고 물음에 답하시오.

> 발해는 고구려 문화를 바탕으로 다른 나라의 문화를 받아들여 독특한 문화를 만들어 나갔다.
>
> 발해 사람들은 고구려 사람들과 마찬가지로 불교를 믿는 사람들이 많았다. 남아 있는 발해의 불상과 석등, 연꽃무늬 와당 등을 통해 발해 사람들의 불교문화를 짐작해 볼 수 있다.
>
> 발해 사람들은 추운 지역에 살았기 때문에 주로 사냥하여 잡은 짐승의 가죽을 이용해 옷을 만들어 입었다. 그리고 주변에서 쉽게 구할 수 있는 재료로 장신구를 만들거나 신발을 만들어 신기도 하였다. 발해 사람들은 보리, 수수 등과 같은 곡식을 재배하거나 사냥을 하여 먹을거리를 마련하였다. 바닷가 주변에 사는 사람들은 물고기를 잡거나 해산물을 이용해 음식을 만들어 먹기도 하였다. 또한 발해 사람들은 집 안에 온돌과 같은 난방 시설을 설치하여 추운 날씨를 이겨 내었다.
>
> – 5학년 1학기 사회 교과서 1. 하나 된 겨레 (5) 통일 신라와 발해 사람들

1 발해 문화가 바탕으로 하고 있는 문화는 어느 나라의 것인지 쓰시오.

2 발해의 불교문화가 발전했음을 알게 해 주는 것은 무엇인지 쓰시오.

3 발해 사람들의 생활 모습으로 알맞지 <u>않은</u> 것은? ( )

① 난방 시설을 설치하였다.
② 짐승의 가죽으로 옷을 해 입었다.
③ 주변에서 구한 재료로 신발을 만들었다.
④ 주로 사냥만을 하여 먹을거리를 마련하였다.
⑤ 물고기를 잡거나 해산물로 음식을 만들어 먹은 사람도 있었다.

4 오늘날 무엇을 통해 발해 사람들의 생활 모습을 알 수 있는지 생각해 보고 써 보시오.

_____
_____
_____

 **한국사능력시험 확인문제**

다음 중 발해와 통일 신라에 대한 설명으로 옳지 <u>않은</u> 것은? ( )

① 발해 – 대조영이 동모산 근처에 도읍을 정하였다.
② 발해 – 수도인 상경을 비롯한 5경과 그 주변에 유적을 남겼다.
③ 통일 신라 – 장보고가 청해진을 중심으로 국제 무역을 주도하였다.
④ 통일 신라 – 거란의 침입으로 멸망하자 유민들은 고려로 이주하였다.

길동이와 함께
떠나는 오늘은
_____월 ____일

미션 공략]
역사 속으로

※ 다음 글을 읽고 물음에 답하시오.

통일 신라의 문화재들

성덕 대왕 신종

신라 경덕왕이 아버지인 성덕왕의 공덕을 널리 알리기 위해 종을 만들려 했으나 뜻을 이루지 못하고, 그 뒤를 이어 혜공왕이 771년에 완성하여 성덕 대왕 신종이라고 불렀다. 이 종은 처음에 봉덕사에 달았다고 해서 봉덕사종이라고도 하며, 아기를 시주하여 넣었다는 전설 때문에 아기의 울음소리를 본 따 에밀레종이라고도 한다.

통일 신라 예술이 각 분야에 걸쳐 전성기를 이룰 때 만들어진 종으로 화려한 문양과 조각 수법은 시대를 대표할 만하다. 또한, 몸통에 남아있는 1천여 자의 명문은 문장뿐 아니라 새긴 수법도 뛰어나, 1천 3백여 년이 지난 지금까지도 손상되지 않고 잘 전해오고 있다.

포석정

경주 남산 서쪽 계곡에 있는 신라 시대 연회 장소로, 젊은 화랑들이 풍류를 즐기며 기상을 배우던 곳이다.

중국의 명필 왕희지는 친구들과 함께 물 위에 술잔을 띄워 술잔이 자기 앞에 오는 동안 시를 읊어야 하며 시를 짓지 못하면 벌로 술 3잔을 마시는 잔치인 유상곡수연을 하였는데, ㉠포석정은 이를 본 따서 만들었다.

만들어진 때는 확실하지 않으나 통일 신라 시대 때 만들어진 것으로 보이며 현재 정자는 없고 풍류를 즐기던 물길만이 남아 있다. 좌우로 꺾어지거나 굽이치게 한 구조에서 나타나는 물길의 오묘한 흐름 때문에 뱅뱅 돌기도 하고, 물의 양이나 띄우는 잔의 형태, 잔 속에 담긴 술의 양에 따라 잔이 흐르는 시간이 일정하지 않다고 한다. 당시 사람들의 풍류와 기상을 엿볼 수 있는 장소이다.

삼국을 통일한 후 신라는
찬란한 문화를 꽃피웠다. 한편 발해도 건국한 후에
자기 나름의 문화를 보여 주었단다.
이번 시간에는 신라의 사회상과 문화, 발해의 문화에 대해
더 자세히 알아보도록 하자.

> **어휘 풀이**
> **공덕** : 착한 일을 하여 쌓은 업적과 어진 덕
> **시주** : 자비심으로 조건 없이 절이나 승려에게 물건을 베풀어 주는 일
> **유상곡수연** : 수로를 굴곡지게 하여 흐르는 물 위에 술잔을 띄우고, 그 술잔이 자기 앞에 올 때 시를 한 수 읊는 놀이

1 다음 중 통일 신라의 문화재가 <u>아닌</u> 것은? ( )

①  ②  ③

④  ⑤

2 ㉠을 통해 알 수 있는 바를 생각해서 써 보시오.

_____

_____

미션 5 **97**

미션 공략]

역사 속으로

※ 다음 글을 읽고 물음에 답하시오.

통일 신라 말기의 사회 문제

(가) 9세기 말에 이르러 신라 사회는 문제를 드러나기 시작하였다. 진골 귀족의 내부 분열로 왕위 쟁탈전이 계속되었고 6두품 세력의 등장과 사회 발전에 따른 골품제의 동요로 신라 사회는 점차 붕괴되어 갔다. 이러한 상황에서 지방 세력이 대두되면서 중앙 정부의 통치에서 벗어나 독립적인 호족 세력을 형성하며 성장하여 신라 왕조 붕괴의 결정적 역할을 하게 된다.

특히 이들 중 신라 말기의 혼란한 상황에서 농민 봉기를 이용하여 세력을 확대하여 정권 수립 단계까지 이른 것이 견훤과 궁예이다. 이들은 각각 후백제와 후고구려(후에 태봉으로 고침)를 세워 후 삼국을 성립시킨다.

(나) 후삼국의 분립과 고려에 의한 통일로 요약되는 신라 말, 고려 초의 사회 변동을 주도한 세력은 호족이었다. 호족은, 신라 말 중앙 정부의 지방에 대한 통제력이 약화되는 진성 여왕 대로부터 고려 초 귀족 사회가 형성되는 성종대까지 약 1세기 동안 지방 사회의 실질적인 지배자였다. 그래서 이 1세기 동안의 사회를 '호족의 시대'라고 부르기도 한다.

호족은 지방사회에서 일정한 지역을 정치적, 군사적, 경제적으로 지배하고 있었다. 이들은 대체로 군현 정도의 지역에 대한 지배권을 행사하고 있었다. 따라서 전국에는 수많은 호족이 흩어져 자리 잡고 있었다.

당시 호족은 사회를 변화시키는 데 중심에 놓여 있었다. 후삼국으로 나뉘어 서로 다투는 문제를 해결하고 새로운 통일 국가를 건설하는 데 호족이 어떤 세력을 인정하고 손을 잡느냐는 매우 중요한 일이었다.

이런 점에서 후백제의 견훤, 후고구려(태봉)의 궁예, 그리고 고려의 왕건 중에서 어느 사람이 호족의 많은 지지를 얻었을지는 어느 정도 알 수 있을 것이다.

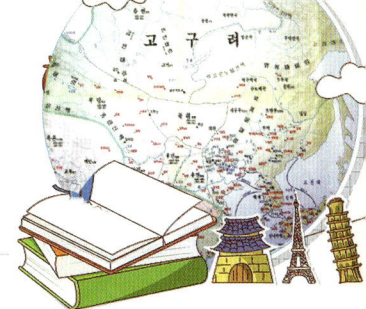

1. 다음 중 후백제, 후고구려, 신라로 나뉘어졌던 시대를 가리키는 말은? (   )

① 선사 시대
② 후삼국 시대
③ 고려 건국 시대
④ 통일 신라 시대
⑤ 삼국 전쟁 시대

> **학천 어드바이스**
> 신라가 삼국을 통일한 것은 668년의 일이다. 그리고 위 글에서 설명하고 있는 시대는 7세기 말과 8세기 초의 시대에 해당된다는 것을 꼭 알아두자.

2. 다음 〈보기〉의 빈칸에 들어갈 말을 위 글에서 찾아 써 보시오.

> **보기**
> 통일 신라 말기에는 귀족 간의 왕위 다툼으로 왕이 자주 바뀌는 혼란이 계속되면서 왕실이 지방을 다스릴 수 있는 힘을 잃게 되자, 지방에서는 _____이 등장하였다.

3. 위 글에서 '호족의 시대'는 언제부터 언제까지라고 하였는지 찾아 써 보시오.

미션 공략]
역사 속으로

※ 다음 글을 읽고 물음에 답하시오.

발해의 건국

최근에는 통일 신라와 발해가 함께 지배했던 시기를 '남북국 시대'라고 한다. 668년 신라와 연합하여 고구려를 멸망시킨 당나라는 고구려 유민들을 중국 땅으로 강제 이주시켰는데, 이때 발해를 건국한 대조영과 그의 아버지도 요서 지방의 하나인 영주로 옮겼다. 당시 영주는 당나라가 이민족들을 다스리기 위해 세운 도시였다. 이곳에는 고구려 유민을 비롯하여 말갈인·거란인 등 다수 민족이 모여 살았다. 이들은 당이 약화되면 언제든지 반란을 일으킬 수 있는 상태였다.

영주에서 696년 5월 마침내 거란인 이진충과 손만영이 영주를 다스리던 조홰의 통치에 불만을 품고 반란을 일으켰다. 이 틈을 타서 대조영은 고구려 유민·말갈 사람들과 함께 영주를 빠져나와 만주 동부 지역으로 이동하였다. 대조영은 추격해 오는 당나라군을 천문령 싸움에서 크게 무찌른 뒤에 만주 동부 지방에 남아 있던 고구려 유민과 말갈 사람들을 모아서, 698년 길림성 돈화현 부근의 동모산 기슭에 진국을 세웠다. 현재 남아 있는 오동 산성과 성산자 산성이 바로 그 유적지이다. 당나라는 발해가 건국하고, 게다가 요서 지역에 대한 돌궐·거란·해 등의 압력으로 요하 유역과 만주 일대에 대한 지배가 사실상 어려워지자, 발해에 사신을 보내 발해의 건국을 인정하였다. 대조영에게는 발해군공이라는 벼슬을 주었는데, 이로부터 나라 이름을 발해로 바꾸었다. 발해의 시조인 대조영의 출신에 대해서는 본래 고구려 사람이었다는 《구당서》의 기록과, 말갈 사람이었다는 《신당서》의 기록이 함께 전해진다. 이 때문에 이를 둘러싼 많은 논란이 있어 왔다. 한편, 한국 측의 기록인 《신라고기》, 《제왕운기》 등에서는 대조영을 고구려 장수라고 표기하였다. 대조영의 출생과 성장 과정에 관한 더 자세한 기록은 전하지 않는다.

1. 발해를 건국한 사람과 첫 도읍지의 이름을 바르게 짝지은 것은? (   )

   ① 이진충 – 천문령   ② 손만영 – 영주   ③ 대조영 – 동모산
   ④ 왕건 – 송악(개성)   ⑤ 조홰 – 만주 동부 지역

2. 발해에는 어떤 민족들이 모여 살았는지 위 글에서 찾아 써 보시오.

   _____

3. 다음 중 발해에 대한 설명으로 옳지 않은 것은? (   )

   ① 건국 초기에는 진국이라고 하였다.
   ② 발해는 백제 문화의 영향을 가장 많이 받았다.
   ③ 발해 주민은 크게 고구려 유민과 말갈족으로 나뉜다.
   ④ 오동 산성과 성산자 산성은 발해의 건국 유적지이다.
   ⑤ 당나라는 발해를 인정하고 대조영을 발해군공으로 삼았다.

4. 발해가 대조영에게 발해군공이라는 관직을 준 이유는 무엇일지 생각해서 써 보시오.

   _____

   _____

5. 위 글을 보면 당나라는 힘이 강하다는 이유로 고구려 유민들을 비롯한 여러 다른 민족들을 자기들의 지배 아래 두려고 한다. 이러한 당나라의 태도를 비판해 보시오.

   _____

   _____

미션 공략]
역사 속으로

※ 다음 글을 읽고 물음에 답하시오.

해동성국 발해의 문화

△ 상경성 발해 석등

발해의 다른 이름인 '해동성국'이란 말의 한자 하나하나를 보면 '바다 동쪽에 있는 강성한 나라'라는 뜻임을 알 수 있다. 당나라에서 봤을 때 발해는 동쪽에 위치하였다. 그래서 해동성국인 것이다.

발해 문화는 유학과 한문학, 종교, 미술과 공예, 음악과 무용 등으로 크게 분류해 볼 수 있다. 발해에는 고구려와 마찬가지로 불교를 믿는 사람들이 많았다. 그래서 상경성 절터에는 석등과 같은 문화 유산이 남아 전해져 오며 건물의 기와 등은 고구려의 기와 문양과 매우 비슷하여 발해가 고구려를 계승한 나라임을 알게 한다.

발해는 주축인 고구려인이 말갈인과 연합하여 건국한 나라이기 때문에, 건국 초기에는 고구려 문화가 중심을 이루면서 거란과 말갈 문화를 포함해 당나라의 문화 요소까지 일부 발견되고 있다. 그렇지만, 발해가 국가 체제를 정비해 갈 때에 당나라 제도를 모태로 삼게 되자, 발해 사회에 당나라 문화가 깊숙이 침투되는 계기가 되었다. 이에 따라 발해 문화에는 당나라 요소가 다른 어느 문화 요소보다도 큰 비중을 차지하게 되었다. 하지만 발해만의 고유한 문화의 모습도 무시할 수 없다. 이처럼 발해 문화는 다양한 양상을 띠고 있는데, 이것은 외국과 활발하게 교류했기 때문이라 할 수 있다.

△ 발해 정묘 공주 묘 벽화

 위 글에서 '해동성국'의 뜻을 찾아 써 보시오.

2 다음 중 〈보기〉의 빈칸에 들어가기에 알맞은 나라는? （　　）

> 보기
>
> 발해의 문화·예술은 (　　　) 문화를 바탕으로 하여 당나라 문화의 특성을 더해 매우 세련된 문화를 보여 주는 것이 특징이다.

① 신라　　② 백제　　③ 고려　　④ 고구려　　⑤ 고조선

3 통일 신라와 발해가 있던 시기를 '통일 신라 시대'라고 하는 것과 '남북국 시대'라고 이름 붙이는 것의 차이점을 생각해서 써 보시오.

_____
_____

4 3번 문제에 대한 답으로 볼 때, '통일 신라 시대'와 '남북국 시대'라고 하는 것 중 어느 쪽이 바람직한지 근거와 함께 자신의 생각을 써 보시오.

_____
_____
_____

[파이널 미션 창의 논술 쓰기]

Let's Go! 논술

※ 다음 글을 읽고 물음에 답하시오.

　　동북공정은 '동북변강역사여현상계열연구공정'의 줄임말이다. 이를 우리나라 말로 풀이하면 '동북 변경 지역의 역사와 현상에 관한 체계적인 연구 과제'라는 뜻이다. 1980년대부터 고조선, 발해, 고구려 등 우리 민족의 국가와 역사를 마치 중국의 역사인 것처럼 편입시켜 연구하려는 작업을 말한다.
　　다음은 중국 측의 주장과 그에 대한 우리나라의 주장이다.

① 중국 측 주장 : 고구려는 고대 중국 소수 민족의 하나다.
　- 우리나라의 주장 : 우리 민족은 한족 문화권과는 구별되는 동방 문화권을 이룩한 별개의 민족이다. 중국 역사책에도 고구려의 건국 주체 세력을 예맥족이라고 하고 있다.

② 중국 측 주장 : 고구려는 중국에 조공을 바치던 속국이다.
　- 우리나라의 주장 : 조공은 외교 형식에 불과하다. 광개토 대왕비에 나타나는 천하관은 고구려의 독자성을 보여 주는 증거이다. 백제, 신라, 왜도 중국과 조공 관계였음에도 고구려만 중국 지방 정권이라고 주장하는 것에는 논리적 모순이 있다.

③ 중국 측 주장 : 수나라, 당나라과의 전쟁은 중국 국내의 통일 전쟁이다.
　- 우리나라의 주장 : 고구려의 수나라, 당나라와의 전쟁은 민족 간의 우열을 다툰 명백한 국가 대 국가의 전쟁이다.

④ 중국 측 주장 : 고구려 유민은 중국에 귀속됐다.
　- 우리나라의 주장 : 자진해서 신라로 내려온 고구려 유민도 있음을 주목해야 한다. 또한 발해는 고구려를 계승했고 고려는 국호에서부터 고구려 계승 의식을 표방했다. 즉, 《삼국사기》, 《삼국유사》에서 보듯이 고구려를 계승하려고 한 것은 발해나 고려이다.

> 위의 내용을 참고하여 고구려의 역사를 자기들의
> 역사라고 주장하는 중국의 주장을 비판해 보시오.
> (200자 내외)

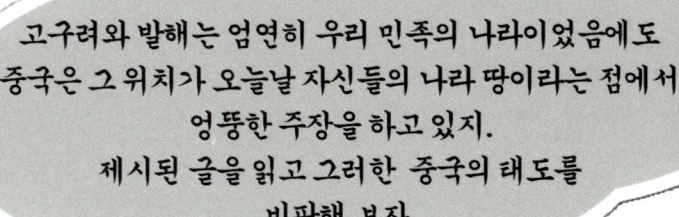

고구려와 발해는 엄연히 우리 민족의 나라이었음에도 중국은 그 위치가 오늘날 자신들의 나라 땅이라는 점에서 엉뚱한 주장을 하고 있지. 제시된 글을 읽고 그러한 중국의 태도를 비판해 보자.

60

120

180

240

미션 클리어

통일 신라의 사회상, 문화와 발해에 대해 잘 알았나요?

앞서 문제를 풀어 보았지만, 이 시대에 대해서는 두 가지 이름으로 부릅니다. '통일 신라 시대'와 '남북국 시대'가 그것이지요. '통일 신라 시대'가 신라를 중심으로 하는 이름인 반면 '남북국 시대'는 고구려의 후예인 발해를 통일 신라와 동등하게 두고 이름 붙인 것입니다. 어느 쪽이 좀더 바람직한지 잘 써 보았나요?

발해가 멸망한 후 우리 민족은 만주 일대의 땅을 잃게 됩니다. 그리고 논술 문제에서 풀어 보았듯이 중국은 이제는 그 땅이 원래 자신들의 땅이었고, 그런 점에서 고구려와 발해 역시 자신들의 나라라고 주장하고 있습니다. 좀 터무니없는 주장이지만, 감정적으로 맞받아칠 일만은 아닙니다. 중국 측 주장과 우리나라의 주장 중 어느 것이 역사적 사실에 더 가까운 것인지를 바탕으로 접근해야 합니다. 엉뚱한 주장에 올바르게 맞받아치려면 우리 역사에 대해 누구보다 잘 알아야겠죠? 역사를 배워야 하는 이유 또 하나를 알았다면 이번 미션은 제대로 성공한 것입니다. 미션 클리어~!

자, 마지막으로 후삼국의 통일과 고려의 건국에 대해 알아보러 떠나요~!!

후삼국 통일과 고려의 건국

미션 설명

○ 왕건   ○ 궁예   ○ 견훤

통일 신라 말기의 사회 혼란 속에서 견훤이 후백제를 세우고 궁예는 후고구려를 세웁니다. 그래서 우리 민족은 다시금 삼국으로 분열되어 서로 전쟁을 일으키게 됩니다. 그 와중에 궁예의 밑에서 장수로 있던 왕건은 궁예가 신하들과 백성들의 믿음을 잃자, 군사 반란을 일으켜서 궁예를 왕위에서 몰아내고 스스로 왕이 됩니다. 그리고 나라 이름을 고려라고 바꾸게 됩니다. 이번 시간에는 후삼국의 통일과 고려의 건국에 대해서 알아봅시다.

 **학습 목표**
1. 통일 신라 시대 말기의 사회의 혼란에 대해 이해할 수 있다.
2. 고려 태조 왕건이 후삼국을 통일하고 고려를 건국한 과정을 알 수 있다.
3. 궁예, 견훤, 경순왕 등 후삼국 시대의 인물들에 대해 알 수 있다.
4. 신라의 삼국 통일과 고려의 통일의 차이를 알 수 있다.

관련 교과
사회 5-1 2단원 다양한 문화를 꽃피운 고려 (1) 후삼국 통일 (2) 고려의 발전

관련 도서
왕건과 궁예의 한판 승부
태조 왕건과 고려 왕조
삼국 통일과 고려 태조 왕건

미리 준비된 왕, 왕건

길동이와 함께
떠나는 오늘은
_____월 _____일

미션 공략] **교과서 속으로**

※ 다음 글을 읽고 물음에 답하시오.

    힘이 약해진 신라는 호족을 막을 수 있는 힘이 없었다. 각 지방의 호족들은 신라로부터 독립하여 자신들의 이익을 위하여 움직였다. 호족들은 자신만의 군대를 키우는 데 노력하여 강한 군사력을 가지게 되었다. 이러한 군사력에 힘입어 새로운 나라를 세우는 사람들도 생겨났다.

    신라의 군인이었던 견훤은 완산주(전주)에 도읍을 정하고 후백제를 세웠다. 신라 왕족 출신이라고 전해지는 궁예는 송악(개성)을 도읍으로 정하고 후고구려를 세웠다. 이 두 나라와 신라가 서로 경쟁하면서 후삼국 시대가 시작되었다.

    궁예는 나라의 이름을 태봉으로 바꾸고 철원으로 도읍을 옮겼다. 궁예는 스스로를 미륵불이라 부르면서 난폭하게 나라를 다스려 점차 백성들과 호족의 원망을 샀다.

    궁예를 도와 전쟁에서 많은 활약을 했던 왕건은 호족과 백성의 지지를 얻어 궁예를 몰아내고 왕이 되었다. 왕건은 나라의 이름을 고려라 하고 도읍을 철원에서 송악으로 옮겼다.

                                         – 5학년 1학기 사회 2. 다양한 문화를 꽃피운 고려 (1) 후삼국 통일

1 다음 빈칸에 들어가기에 알맞은 말을 위 글에서 찾아 쓰시오.

	후백제	후고구려
세운 사람	㉠	궁예
세울 당시 도읍지	완산주	㉡

㉠ : _____

㉡ : _____

신라의 힘이 약해지고 후백제, 후고구려 등이 세워지게 되지. 이때를 후삼국 시대라고 한단다. 그리고 후고구려를 이어받은 고려가 후삼국 시대를 통일하게 되지. 이번에는 그러한 과정과 여러 인물들에 대해 알아보자.

2 궁예를 도와 많은 공을 세웠던 인물은 누구인지 위 글에서 찾아 쓰시오.

3 2번 문제의 인물이 왕이 될 수 있었던 이유는 무엇인지 생각해서 써 보시오.

4 위 글에는 궁예가 권력을 잃고 왕건이 왕이 되는 과정이 나타나 있다. 이를 통해 궁예가 실패한 원인과 왕건이 왕이 될 수 있었던 이유, 그리고 왕이 되려면 필요한 것이 무엇인지에 대해 친구들과 토론해 보시오.

 **한국사능력시험 확인문제**

다음 중 설명에 대한 옳은 답은?　　　　　　　　　　　　　　(　　)

이들은 통일 신라 말 혼란기에 각 지방에서 행정권과 군사권을 장악하고, 스스로를 성주 또는 장군이라 칭했습니다. 6두품 출신의 일부 유학생과 연계하여 사회 개혁을 추구하였으며, 뒷날 고려의 건국 세력이 된 이들을 일컫는 말은 무엇일까요?

① 호족　　　　　　　　　② 문벌 귀족
③ 권문세족　　　　　　　④ 신진 사대부

미션 공략] **교과서 속으로**

※ 다음 글을 읽고 물음에 답하시오.

> 왕건은 군대의 규율을 엄하게 하여 백성들에게 피해를 주지 않도록 하면서 백성들의 세금을 줄이는 정책으로 민심을 얻었다. 왕건은 후삼국을 통일하기 위해 후백제를 공격하는 동시에 신라에는 화친하는 정책을 펼쳤다.
> 한편 후백제에서는 왕위를 둘러싸고 내분이 일어나 견훤의 큰아들 신검이 아버지의 왕위를 빼앗았다. 견훤은 후백제를 탈출하여 고려로 갔고, 왕건은 그를 받아들였다. 후백제의 공격으로 나라의 힘이 약해지자 신라왕은 스스로 나라를 고려에 넘겨주었다.
> 왕건은 견훤과 함께 신검의 후백제를 공격해 무너뜨리고 마침내 후삼국을 통일하였다.
> 고려의 후삼국 통일에는 신라가 당나라의 힘을 빌려 삼국을 통일한 것과는 다른 의미가 있다.
> 통일 신라 시대 지방 세력은 권력을 독차지한 중앙 귀족 때문에 자신의 주장을 내세울 수 없었다. 그러나 서서히 힘을 키운 그들은 중앙 귀족을 몰아내고 고려를 건국하는 데 크게 힘을 보탰다. 그들은 나라를 바꾸는 힘이 중앙의 귀족만의 것이 아님을 보여 주었다.
> 또 고려는 후백제와 신라 세력뿐 아니라 발해인까지 받아들이며 실질적인 민족 통일을 이루었다. 이 덕분에 고려는 삼국의 다양한 문화를 토대로 새로운 문화를 만들어낼 수 있었다.
>
> – 5학년 1학기 사회 교과서 2. 다양한 문화를 꽃피운 고려 (1) 후삼국 통일

1 다음 중 왕건의 고려 건국 과정에 대한 설명으로 알맞지 <u>않은</u> 것은? ( )

① 왕건은 신라와 손을 잡았다.
② 왕건은 후삼국을 통일한 인물이다.
③ 신라왕은 왕건에게 끝까지 저항하였다.
④ 견훤은 자신의 아들에게 왕위를 빼앗겼다.
⑤ 왕건이 백성들의 믿음을 얻은 것은 백성들을 위한 정책을 펼쳤기 때문이다.

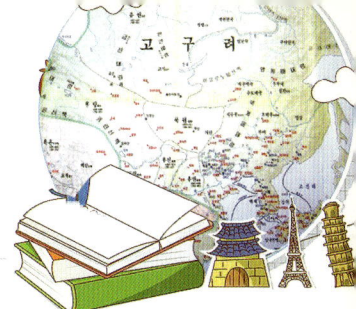

2. 고려의 건국에 크게 힘을 보탠 세력은 누구인지 위 글에서 찾아 구체적으로 쓰시오.

3. 고려가 새로운 문화를 만들어낼 수 있었던 이유는 무엇인지 위 글에서 찾아 쓰시오.

4. 고려의 후삼국 통일이 신라의 삼국 통일과 다른 점은 무엇일지 생각해서 써 보시오.

신라의 삼국 통일	고려의 후삼국 통일

미션 공략] 교과서 **속**으로

※ **다음 글을 읽고 물음에 답하시오.**

태조 왕건은 고구려를 계승한다는 뜻에서 나라 이름을 고려라고 하였으며, 고려를 다양한 사상이 어우러진 나라로 만들고자 하였다. 이와 같은 태조 왕건의 생각은 그가 후손에게 남긴 유언인 훈요 10조에 잘 나타나 있다.

훈요 10조(일부)

1조 우리나라의 대업은 부처님이 곁에서 보호하고 지켰기 때문이다. 그러니 불교를 장려하라.
3조 왕위는 맏아들이 계승하는 것을 원칙으로 하되, 맏아들이 현명하지 못하면 여러 신하의 추대를 받아 다른 아들이 계승하도록 하라.
4조 당나라의 문물과 예악을 따르되 반드시 따를 필요는 없다.
5조 서경(평양)을 중시하라.
6조 연등회와 팔관회를 성대히 하라.
7조 신하의 의견을 존중하고 백성의 부역을 줄이도록 하라.
10조 옛일을 거울삼아 오늘을 경계하라.

— 5학년 1학기 사회과탐구 2. 다양한 문화를 꽃피운 고려 (2) 고려의 발전

 위 글에서 고려는 어떤 뜻이 담긴 이름이라고 하였는지 찾아 써 보시오.

_____

2. 훈요 10조의 내용에 대한 설명 중에서 <u>잘못된</u> 것은? (   )

① 부처님을 위해 불교를 장려하라
② 고려의 도읍지인 개경을 중시하라.
③ 당나라의 예악을 꼭 따르려고 하지 마라.
④ 불교 행사인 연등회와 팔관회를 성대하게 하라.
⑤ 신하의 의견을 존중하고 백성들의 부역을 줄여라.

3. 왕건이 훈요 10조를 후손에게 유언으로 남긴 이유를 찾아 써 보시오.

 **한국사능력시험 확인문제**

다음은 태조 왕건의 훈요 10조의 일부이다. 이와 관련된 내용으로 볼 수 <u>없는</u> 것은?
(   )

> 1조 불교의 힘으로 나라를 세웠으므로, 사찰을 세우고 주지를 파견하여 불도를 닦도록 하라.
> 2조 도선의 풍수 사상에 따라 사찰을 세우고, 함부로 짓지 마라.
> 4조 우리나라와 중국은 지역과 사람의 인성이 다르므로 중국 문화를 반드시 따를 필요가 없다.
> 5조 서경을 중요시하라.

① 불교 장려 ② 유교 수용
③ 자주 의식 표명 ④ 북진 정책 추진

미션 6 **115**

길동이와 함께 떠나는 오늘은 _____월 _____일

미션 공략]
역사 속으로

※ 다음 글을 읽고 물음에 답하시오.

궁예 이야기

　궁예가 태어난 해는 대략 857년 정도라고 추측할 뿐 정확하게 언제 태어났는지는 알 수 없다. 궁예는 신라 왕실의 후예로서 진골이었지만 불길하게 여겨져 죽을 뻔했는데 어머니가 유모에게 궁예를 살리도록 하였다. 이때 유모가 궁예를 살리다 손가락으로 눈을 찔러 애꾸가 되었다고 한다. 궁예가 크자 유모가 궁예에게 왕실의 후손이라는 애기를 하고 그 말을 들은 궁예는 절로 가서 스님이 된다. 절에서 나온 궁예는 양길이라는 도적 편에 들어가는데 부하를 엄청나게 모아 세력이 커지자 독립한다. 궁예는 양길을 무찌르고 후고구려를 세워 왕이 된다.

　그런데 시간이 지나면서 궁예는 점점 폭군이 된다. 자기가 미륵불이라면서 자신이 사람의 마음을 꿰뚫어 본다며 사람들을 괴롭혔다. 그리고 충신들을 죽이고 새 궁을 짓기 위해 너무 많은 세금을 걷어 백성들의 원성을 샀다. 또 자신이 쓴 경전을 비판하는 사람들을 죽이고, 바른 정사를 펼치면서 백성을 잘 보살펴 달라고 부탁하는 왕비와 왕자를 죽이기도 한다.

　결국 궁예 부하들이 왕건을 대장으로 하여 반란을 일으키자 궁예는 낡은 옷으로 갈아입고 도망갔다. 나중에 보리밭에서 덜 익은 보리를 먹다가 알아본 백성들에게 죽임을 당했다는 이야기가 전해지고 있다.

 어휘 풀이

폭군 : 사납고 악한 임금, 다른 사람을 힘이나 권력으로 억누르며 사납고 악한 짓을 많이 하는 임금
미륵불 : 불교에서 미래에 올 것이라고 예언된 부처를 이르는 말
원성 : 원망하는 소리
경전 : 종교의 교리를 적은 책

> 통일 신라의 말기의 문제점으로 인해 후고구려, 후백제가 건국하여 후삼국 시대를 맞게 되다. 그리고 왕건이 삼국을 통일하여 고려를 건국하게 되지. 이번에는 그러한 일들을 알아보도록 하자.

1. 위 글을 통해 알 수 있는 궁예에 대한 설명으로 <u>잘못된</u> 것은? ( )

① 신라 왕실의 후예로서 진골이었다.
② 신하였던 왕건에게 암살을 당했다.
③ 자신을 비판하는 충신과 왕자, 왕비를 죽였다.
④ 도적 양길을 무찌르고 후고구려의 왕이 되었다.
⑤ 스스로 미륵불이라고 하면서 사람들을 괴롭혔다.

2. 궁예가 비참한 최후를 맞게 된 이유는 무엇인지 위 글에서 찾아 쓰시오.

___

3. 궁예의 삶을 보며 얻을 수 있는 교훈을 생각해서 써 보시오.

___

미션 공략]

역사 속으로

※ 다음 글을 읽고 물음에 답하시오.

견훤 이야기

견훤(867~936년)은 신라 사람이지만 900년 후백제를 건국한 후백제의 왕이다. 백제를 멸망시킨 신라에 대항하여 후백제를 세웠지만, 뜻밖에 그의 평생 라이벌은 신라가 아닌 고려 태조 왕건이었다. 왕건 또한 고구려를 이어 새로운 나라를 세우겠다고 나선 시대의 영웅이었다.

먼저 세력을 키운 사람은 견훤이었다. 892년, 신라 진성 여왕 6년에 견훤은 몰래 무리를 모았다. 그의 군대가 이르는 곳마다 백성이 환영하였고, 한 달 사이에 군사가 5천 명이나 되었다. 드디어 광주에서 스스로 왕으로 나섰다. 그를 가장 반긴 곳은 완산이었다. 완산은 지금의 전주이다.

견훤의 신라 공격이 정점에 이른 것은 927년이었다. 바로 경주 공격이었다. 견훤은 경애왕을 죽인다. 그리고 왕의 집안 동생 김부를 세워 신라의 왕위를 잇게 했다. 그가 바로 신라의 마지막 왕인 경순왕이다.

그러나 견훤의 기세는 여기가 끝이었다. 점차 힘을 키운 왕건에게 밀리기 시작하였다. 932년, 견훤의 신하 공직이 왕건에게 항복한 것은 상징적인 사건이었다. 견훤이 공직의 두 아들과 딸을 사로잡아 끔찍한 고문을 하였지만 이는 꺾인 후백제의 기세를 되살리기는커녕 도리어 부하들에게 견훤에 대한 두려움만 키웠을 뿐이었다. 그 이후 견훤 밑을 떠나는 부하 장수가 줄줄이 나왔다. 그러다가 후백제는 결국 936년 왕건에 의해 멸망하고 말았다.

 견훤이 세운 나라의 이름은 무엇인지 쓰시오.

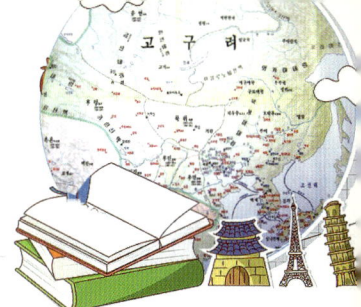

2 다음 중 위 글의 내용과 <u>어긋나는</u> 설명은? (   )

① 견훤은 신라를 공격하였다.
② 견훤의 라이벌은 고려를 세운 왕건이었다.
③ 견훤에 의해 죽은 경애왕이 신라의 마지막 왕이었다.
④ 견훤은 신라 사람이지만 신라에 대항하여 후백제를 세웠다.
⑤ 견훤은 왕건에게 항복한 부하의 자식들에게 고문을 가하였다.

> 🔎 학천 어드바이스
> 위 글을 잘 읽어 보면 견훤은 경애왕을 죽였지만 곧바로 신라를 멸망시키지는 않았다는 것을 알 수 있어. 이 점을 잘 생각해 보면 돼.

3 후백제 건국 초기에 강력했던 견훤이 왕건이 세운 고려와 경쟁하다가 기세가 밀리기 시작한 상징적인 사건은 무엇인지 위 글에서 찾아 써 보시오.

_____

4 위 글을 참고로 하여 다음의 연표의 빈칸에 들어갈 나라 이름을 써 보시오.

( ) 건국	후고구려 건국	고려 건국	신라 멸망	( ) 멸망
900년	901년	918년	935년	936년

> 🔎 학천 어드바이스
> 후고구려는 궁예가 건국한 나라이고 고려는 왕건이 세운 나라이다. 그리고 신라는 935년 고려 왕건에게 항복함으로써 멸망하게 되었다.

미션 공략] # 역사 속으로

※ 다음 글을 읽고 물음에 답하시오.

고려의 건국과 변화

고려 태조 왕건은 신숭겸, 홍유, 배현경, 복지겸 등에 의해 철원에서 즉위하여 도읍을 송악으로 옮긴 다음 호족 세력을 적극적으로 수용하였다. 그리고 북진 정책과 불교를 중시하는 숭불 정책 등으로 세력을 모으는 데 힘썼다. 이때 한반도는 후삼국 시대의 말기였는데, 왕건은 936년 후백제를 물리쳐 민족의 재통일을 이루었다.

고려의 건국과 후삼국의 통일은 고대 사회가 끝나고 중세 사회가 성립되었음을 의미한다. 고려는 새로운 질서를 마련하였고 교육과 과거 제도를 정비하였다. 농민의 조세 부담을 가볍게 하는 등 농민들의 생활을 안정시키고자 노력하였다. 그리고 문화의 폭과 질이 크게 높아진 중세 문화를 만들었으며 강렬한 민족 의식을 바탕으로 북진 정책을 추진하였다. 결국 고려의 건국과 후삼국의 통일은 단순한 왕조의 교체에 그치는 것이 아니라 고대 사회에서 중세 사회로의 전환을 의미한다고 볼 수 있다.

1 다음 중 왕건에 대한 설명으로 알맞지 <u>않은</u> 것은 무엇인가? (   )

① 고려를 세웠다.
② 북진 정책과 숭불 정책을 폈다.
③ 도읍지를 철원에서 송악으로 옮겼다.
④ 스님이 되었다가 세력을 모아 왕이 되었다.
⑤ 후백제를 물리치고 민족의 재통일을 이루었다.

2 고려의 이름이 고구려를 계승하기 위해서 지은 것이라고 볼 때, 북진 정책을 편 이유는 무엇이었을지 생각해서 써 보시오.

3 다음 중 후삼국 통일에 대하여 바르게 설명하고 있는 것은 무엇인가? ( )

① 우리 민족 최초의 민족 통일이었다.
② 전쟁을 통한 것이 아닌 평화로운 통일이었다.
③ 후삼국 통일의 대업은 궁예 때에 이루어졌다.
④ 고구려의 옛 땅까지 완전하게 회복한 통일이었다.
⑤ 다른 나라의 힘을 빌리지 않은 자주적인 통일이었다.

4 고려의 건국과 후삼국의 통일이 지닌 의미를 위 글에서 찾아 써 보시오.

미션 공략]
역사 속으로

※ 다음 글을 읽고 물음에 답하시오.

왕건 이야기

　　아버지는 금성태수 왕륭이며, 어머니는 한씨이다. 송악(개성)에서 출생하였다. 후삼국 시대에 궁예가 한반도 중부 지방을 손에 넣고, 철원에 도읍을 정하자 궁예의 부하가 되었다. 왕건은 궁예의 명령으로 군대를 이끌고 군사 활동을 하여 큰 공을 세웠다. 즉, 900년에는 광주, 충주, 청주 등의 군현을 공격하여 이를 모두 후고구려의 땅으로 만들었다. 이러한 공을 인정받아 높은 벼슬을 얻었다. 또 903년 3월에는 함대를 이끌고 서해를 거쳐 후백제의 금성군을 공격, 함락시켰다.

　　그리고 그 부근 10여 개 군현을 공격하여 빼앗아 나주를 설치, 군사를 나누어 이를 지키게 하고 돌아왔다. 이때 양주 지역의 장군인 김인훈이 위급함을 알리자, 궁예의 명을 받고 달려가 구하여 주었다. 이와 같은 과정을 통하여 왕건은 궁예와 주위의 신망을 얻게 되었다. 그 뒤 궁예의 실정이 거듭되자, 홍유, 배현경, 신숭겸 등의 추대를 받아, 궁예를 내쫓고 고려의 태조가 되었다.

어휘 풀이
- **신망** : 믿고 기대함. 또는 그런 믿음과 덕망
- **실정** : 정치를 잘못함. 또는 잘못된 정치
- **추대** : 윗사람으로 떠받듦

1　왕건이 고려의 첫 도읍지로 삼았던 개성의 옛 이름은 무엇인가?　　(　　)

① 송악　　② 서경　　③ 철원　　④ 화주　　⑤ 금성

2 왕건은 처음에 누구의 부하였는지 쓰시오.

_____

3 왕건이 홍유 등에 의해 왕으로 추대될 수 있었던 이유로서 알맞은 것은? (   )

① 살기 좋은 송악에서 태어난 인물이었기 때문에
② 왕건은 주위의 신망을 얻고 궁예는 실정을 거듭했기 때문에
③ 아버지가 금성태수 왕륭으로서 존경받는 인물이었기 때문에
④ 궁예의 부하가 되어 한반도 중부 지방을 손에 넣었기 때문에
⑤ 양주 지역의 장군인 김인훈을 목숨을 걸고 구해 주었기 때문에

학천도사의 재미있는 역사 이야기

원래는 견훤이 왕건보다 힘이 셌다?

　이제는 고려가 후백제와 신라를 물리치고 후삼국을 통일했다는 사실을 모르는 친구들은 없겠지요? 그런데 원래는 견훤의 후백제가 왕건의 고려보다 힘이 셌다는 것을 아는 친구들은 많지 않을 거예요. 견훤은 장수 출신이기에 군사적으로 우월했습니다. 그래서 후백제와 고려가 처음으로 맞붙은 전투에서는 견훤의 후백제가 왕건의 고려를 이깁니다. 이 사건은 견훤이 경주를 기습해서 함락했을 때 일어났습니다. 뒤늦게 그 사실을 안 왕건이 신라를 구원하려고 갔지만 견훤에게 패해 왕건은 많은 부하들을 잃은 채 자신만 간신히 살아남아 도주할 정도였습니다. 하지만 뒤에 신라의 호족들과 거란에 의해 멸망한 발해 유민들을 받아들인 왕건은 힘을 키워 후백제를 물리치고 통일을 이루게 됩니다. 실패를 했음에도 좌절하지 않고 끝내 자신의 뜻을 이룬 왕건은 통일 국가의 왕이 될 만하지요?

파이널 미션 창의 논술 쓰기]

Let's Go! 논술

신라의 삼국 통일과 고려의 후삼국 통일을 비교하고, 왕건의 고려 건국의 의의를 생각해서 써 보시오. (250자 내외)

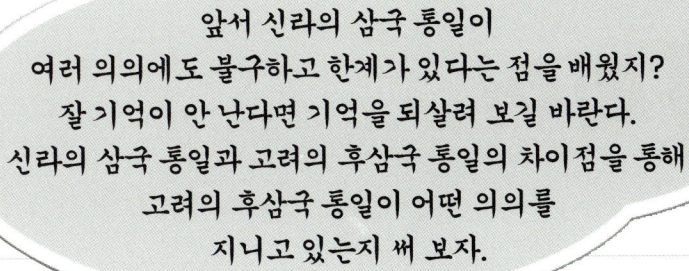

앞서 신라의 삼국 통일이
여러 의의에도 불구하고 한계가 있다는 점을 배웠지?
잘 기억이 안 난다면 기억을 되살려 보길 바란다.
신라의 삼국 통일과 고려의 후삼국 통일의 차이점을 통해
고려의 후삼국 통일이 어떤 의의를
지니고 있는지 써 보자.

240

300

360

420

미션 클리어

　어느 나라나 영원히 존재하는 나라는 없습니다. 무령왕의 유언과 달리 신라도 결국에는 멸망하고 맙니다. 그리고 후삼국 시대가 열리고 왕건이 이를 통일합니다. 고려의 후삼국 통일은 신라의 삼국 통일과는 여러 면에서 다릅니다. 그 중 가장 다른 점은 순수하게 우리 민족의 힘만으로 통일을 이루어 냈다는 것이겠죠? 그리고 고구려를 계승하겠다는 의지를 이름에서부터 나타냅니다. 그러한 점이 고려의 통일이 신라의 삼국 통일과 다른 점입니다.

　지금까지 우리는 선사 시대부터 고려의 건국까지 긴 시간 동안의 역사 여행을 했습니다. 너무 빨리 오다 보니 머리는 아프지 않았는지요? 다시 한번 말하지만 역사는 지나간 시간이 아니라 오늘날 우리에게도 영향을 미치고 교훈을 줍니다.

　자, 역사 여행을 잘 마쳤습니다. 하지만 아직 우리나라 역사의 끝이 아니랍니다. 고려의 건국 다음의 역사가 궁금하지 않나요? 다음 권에서 또 만나요. 잠시 안녕~

가능한 답변들

미션 1 선사시대의 시작과 고조선의 건국 07쪽

10-11쪽 교과서 속으로

1. (다) - (가) - (나)
2. 옛 석기를 만들어 사용한 시대였기 때문에
3. 뗀석기
4. 청동기는 만들기가 어렵고 귀했기 때문에
5. 빗살무늬 토기

12-14쪽 교과서 속으로

1. (1) 고조선
   (2) 삼국유사
2. (1) (하늘에 제사를 지내는) 제사장
   (2) 정치 지배자(왕, 임금)
3. ㉠
4. (1) 농사를 짓는 사회였다.
   (2) 개인의 재산이 있었다.
5. **찬성하는 쪽**
   - 민족사를 바로 세우기 위해서
   - 우리의 뿌리를 기억하게 하기 위해
   - 가슴 속에 홍익인간(弘益人間) 제세이화(濟世理化)의 큰 정신을 간직하고 살아갈 것을 다짐하게 하기 위해

   반대하는 쪽
   - 단군왕검은 또다른 종교의 창시자이므로
   - 단군을 신으로 모신다는 점에서

15쪽 교과서 속으로

1. 동굴
2. ⑤
3. 그것을 발견한 사람의 이름을 따서

16-17쪽 역사 속으로

1. 고인돌
2. **북방식 고인돌**
   - 지상에 4면을 판석으로 막아 묘실을 설치한 뒤 그 위에 상석을 올린 형식
   - 주로 한반도 중부 이북 지방에 분포

   남방식 고인돌
   - 지하에 묘실을 만들어 그 위에 상석을 놓고 돌을 괴는 형식
   - 주로 한반도 중부 이남 지방에 분포

   개석식 고인돌
   - 남방식 고인돌과는 달리 돌을 괴지 않고 묘실 위에 상석을 바로 올린 고인돌
3. 청동기

18-19쪽 역사 속으로

1. 육지 동물과 바닷고기, 사냥하는 장면 등
2. 사냥이 잘 이루어져 많은 고기들을 잡고 동물들이 많이 번식하여 사냥감이 풍성해지길 바라는 마음
3. - 낙서는 장난에 불과한 데 비해 선사 시대 사람들이 새긴 암각화는 거기에 새긴 사람의 소망을 담았다는 점에서 다르다.
   - 낙서에는 뜻이 담겨 있지 않지만, 암각화에는 선사 시대 사람들의 뜻이 담겨 있다.

한국사능력시험 확인문제 … ①

20-21쪽 역사 속으로

1. ②

2. ④, ⑤

3. 검, 거울, 방울

4. 환웅이 하늘에서 내려와 하늘이 인정한 인물임을 강조하면서 농사가 매우 중요했던 당시에 농사를 쉽게 짓도록 해 줄 수 있는 능력을 가진 점 등을 강조하고자 한 것이라 할 수 있다.

22-23쪽 역사 속으로

1. ④

2. 위만

3. 지배층의 분열 때문에

24-25쪽 Let's Go! 논술

예·시·답·안

반구대 암각화 보존에 대해 한쪽에서는 댐의 수위를 낮춰 보존해야 한다고 주장하고 있다. 한편 울산시에서는 보존도 중요하지만 식수원 확보와 보존이 동시에 이루어져야 한다고 주장한다. 나는 식수원을 확보하는 것도 중요하지만 반구대 암각화를 보존하는 것이 더 중요하다고 생각한다. 반구대 암각화에는 우리 선조들의 소망이 담겨 있기 때문이다. 또 그러한 문화재를 보존하는 것이 우리 후손들이 해야 할 일이기 때문이다.

미션 2 삼국의 성립과 발전 27쪽

30-31쪽 교과서 속으로

1. (1)-(ㄴ)
   (2)-(ㄷ)
   (3)-(ㄹ)
   (4)-(ㄱ)

2. (1) 금와왕의 왕자들이 시샘하여 죽이려고 했다.
   (2) 자신을 따르는 무리를 이끌고 남쪽으로 내려옴

3. 농사 짓는 것이 무척 중요했다.

4. ③

32-33쪽 교과서 속으로

1. 세 사람 모두 알에서 태어났다.

2. 태양

3. 알은 당시 사람들이 숭배했던 태양을 상징하기도 했고, 알을 낳는 새가 신비한 존재였기 때문이다.

4. 매우 특별한 존재로 생각했고 왕으로서 존경하고 따라야 한다고 생각했다. 등

5. 왕비가 죽은 후 다른 여자들을 또 다른 왕비로 맞을 수 있었다./여러 여자를 한꺼번에 왕비로 삼을 수 있었다./다른 나라의 여자를 왕비로 맞을 수 있었다.

6. (1) 짝을 잃은 개인적인 슬픔을 노래한 작품이다.
   (2) 고구려 세력과 다른 나라 세력 간의 싸움

을 노래한 작품이다.

34-35쪽 교과서 속으로

1 ①

2 한강을 차지하면 경제적으로나 지리적으로 매우 유리했기 때문에

3 삼국 통일

4 (1) 한반도의 중심에 위치한 곳이다.
(2) 넓은 평야가 있어 농사 짓기에 좋은 곳이다.
(3) 물건을 여러 지역으로 실어 나를 수 있는 곳이다.
(4) 바다를 통해 중국과 교류하기에 좋은 곳이다.

한국사능력시험 확인문제 … ④

36-37쪽 역사 속으로

1 ⑤

2 고구려 – 태조왕
백제 – 고이왕
신라 – 내물왕

3 ⑤

38-39쪽 역사 속으로

1 (1) 아리수
(2) 큰강, 중심이 되는 강

2 ①

3 광개토 대왕, 진흥왕

한국사능력시험 확인문제 … ②

40-41쪽 역사 속으로

1 ③

2 ④

3 새가 하늘의 뜻을 전달하는 역할을 한다고 생각했기 때문에 등

42-43쪽 역사 속으로

1 ①

2 김수로왕

3 신라

4 중앙 집권적인 국가 체제가 완성되지 못하고 부족 국가의 연맹 수준에 머물렀기 때문에

한국사능력시험 확인문제 … ③

44-45쪽 Let's Go! 논술

예·시·답·안

알은 태양을 상징하고 알을 낳는 새는 신비로운 존재를 의미한다. 그렇기 때문에 세 시조의 탄생 이야기에 알이 등장하는 것이다. 그렇다면 세 시조의 탄생 이야기는 백성들이 그들을 신성하게 생각하게 하기 위해 지어졌다고 볼 수 있다. 그런 점에서 옛 이야기는 겉으로 드러난 의미만을 그대로 받아들여서는 안 된다. 사람이 알에서 태어날 수는 없기 때문이다. 따라서 옛 이야기는 그 바탕에 깔린 의미를 생각하며 받아들여야 한다.

미션 3 삼국, 찬란한 문화를 꽃피우다 47쪽

50–51쪽 교과서 속으로

1. (1)-(ㄴ)
   (2)-(ㄹ)
   (3)-(ㄷ)
   (4)-(ㄱ)
2. 고구려
3. ⑤
4. 당시 신라의 천문 과학 기술이 발전했음을 알 수 있다.

52–53쪽 교과서 속으로

1. 고구려 – 백제 – 신라
2. 중국
3. 전통 신앙을 믿으며 권력을 가지고 있던 귀족들의 반발 때문이다.
4. 당시 신라에서는 귀족들의 세력이 강했다는 것을 알 수 있다. 전통 신앙을 믿는 세력의 힘이 셌다. 등
5. 불교가 '왕은 곧 부처'라는 생각을 바탕으로 했기 때문에

한국사능력시험 확인문제 … ③

54–55쪽 교과서 속으로

1. 각 나라의 문화적 특징과 각 나라가 추구하는 것이 달랐기 때문에
2. 삼족오
3. ⑤
4. (1) 태양을 숭배했다는 것을 알 수 있다. 등
   (2) 남자와 여자의 차이를 고려한 것으로 보아, 섬세했다는 것을 알 수 있다. 등
   (3) 화려한 문화가 발달했다. 등

한국사능력시험 확인문제 … ③

56–57쪽 역사 속으로

1. 을지문덕
2. 살수대첩
3. 천리장성
4. ⑤

58–59쪽 역사 속으로

1. (1) 소수림왕
   (2) 침류왕
   (3) 법흥왕
2. 이차돈
3. 왕권보다 신권이 더 강했기 때문에
4. 왕이라고 해서 자기 마음대로 하지 못했다.

60–61쪽 역사 속으로

1. ②
2. 화랑
3. 박사
4. ④

62–63쪽 역사 속으로

1. 신라 시대의 신분 계층을 구분하는 제도
2. ③, ⑤

3 ⑤

4 골품제는 신분 계층을 구분하는 제도이므로 태어난 신분에 따라 올라갈 수 있는 위치가 정해졌다는 점에서 문제가 있다. 태어날 때부터 신분이 정해진다는 것은 잘못된 것이다.

64-65쪽 Let's Go! 논술

예·시·답·안

화백 회의가 가장 수준 높은 의사 결정 방법인 것은 오늘날 다수결 제도가 소수의 의견은 무시하는 데 반해 반대하는 사람까지도 설득하는 제도이기 때문이다. 화백 회의는 한 사람, 한 사람의 의견도 소중히 여기고 나라와 민족을 위해 가장 좋은 결정이 무엇인지 깊이 생각해 보게 했던 것이다. 하지만 오늘날 이러한 만장일치제를 채택하는 것은 불가능하다. 오늘날과 같이 많은 사람들의 의견을 하나로 모으는 것은 불가능하기 때문이다. 그래서 화백 회의 같은 만장일치제가 훌륭함에도 불구하고 오늘날에는 다수결로 의사 결정을 하게 하는 것이다.

미션 4
신라, 삼국을 통일하다
67쪽

70-71쪽 교과서 속으로

1 고구려에 위협을 받고 있었고, 백제의 공격을 받아 여러 영토를 잃고 어려움에 처해 있었기 때문에

2 ④

3 (1) 정치적인 혼란 때문에
  (2) 연개소문이 죽은 후의 권력 다툼 때문에

4 (1) 삼국의 사람들을 하나로 모아 민족 문화의 발전을 위한 토대를 마련하였다는 점
  (2) 당의 힘을 빌렸고, 고구려 북쪽 영토를 잃어 한반도 전체의 통일을 이루지는 못했다는 점

72-73쪽 교과서 속으로

1 ④

2 부하들을 데리고 그만 돌아가라.

3 을지문덕은 수나라 군의 상태를 정확히 알고 있었고, 작전을 제대로 짰다. 그리고 꾀를 이용하였다.

4 ②

74쪽 교과서 속으로

1 고구려 사람들이 잃어버린 나라를 되찾기 위해 당나라에 거세게 저항하였기 때문에

2 고구려와 말갈 출신

3 (1) 대조영
　(2) 무왕
4 발해의 구성원 중에 고구려 유민이 있었고 무왕은 발해가 고구려를 계승한 나라라는 점을 분명히 하였기 때문이다.

75쪽 교과서 속으로
1 김유신, 김춘추
2 ②

76-77쪽 역사 속으로
1 나라를 지키는 불교
2 동북 아시아의 아홉 나라를 의미한다.
3 황룡사 9층 목탑, 팔만대장경
4 이웃 나라의 침입에서 신라를 지키기 위해, 신라왕의 권위를 높이기 위해, 백성들을 단결시키기 위해 등

78-79쪽 역사 속으로
1 ②
2 죽은 다음에 동해 바다에 화장한 유골을 뿌려 달라는 것
3 죽어서라도 동해의 용이 되어 신라를 지키기 위해서

80-81쪽 역사 속으로
1 어린 관창을 차마 죽일 수가 없었기 때문이다.
2 관창의 죽음을 보고 신라의 병사들이 분노하여 꼭 싸워서 이기겠다고 마음먹었기 때문에
3 (1) 연개소문이 죽자 권력을 두고 연개소문의 동생들과 아들들이 권력 다툼을 벌이면서 단결력이 약화되었다.
　(2) 연남생과 같은 중요한 인물이 당나라에 항복해 버렸다. 등

82-83쪽 역사 속으로
1 수적 열세에도 당나라군을 물리친 것으로 보아 신라군이 강력한 정예병이었음을 알 수 있다.
2 그 전투들을 통해 당나라의 야심을 꺾고 우리 민족의 영토인 한반도에서 당나라를 몰아냈으며 단일한 통일 민족 국가를 이룰 수 있었다.
3 (1) 신라 사람들은 당나라 사람들을 자신들과 함께 전쟁을 수행하는 같은 편으로, 그에 반해 고구려와 백제 사람들을 적으로 생각했을 것이다.
　(2) 신라 사람들은 고구려와 백제의 살아남은 유민들을 한 민족으로 생각하였을 것이고, 당나라 사람들은 적으로 생각하였을 것이다.

84-85쪽 Let's Go! 논술

예·시·답·안

신라의 삼국 통일이 지닌 문제점을 통해 바람직한 남북 통일의 방향에 대해서 생각해 볼 수 있다. 먼저 남북이 통일할 때에는 무력 통일은 안 된다는 점이다. 신라는 전쟁을 통해 통일함으로써 많은 사람들의 희생을 피할 수 없었다. 따라서 남북의 통일은 평화로운 방법으로 이루어지는 것이 좋을 것이다.

그리고 외세의 힘을 빌리지 말고 우리 민족끼리 힘을 합쳐 통일하는 것이 바람직하다. 신라가 당나라를 끌어들여 옛 고구려의 땅을 잃었던 것을 보면 다른 나라를 끌어들여 통일을 하면 문제가 생길 수 있기 때문이다.

미션 5 통일 신라와 발해
87쪽

90-91쪽 교과서 속으로

1. 골품제
2. 백성들의 마음을 하나로 모으기 위해서
3. 백성들에게 세금을 거두기 위해서이다.
4. ④
5. 신라는 통일의 과정에서 많은 전쟁을 겪어야 했다. 그러다 보면 전쟁 기간 내내 남자들은 전쟁에 동원되어 백제, 고구려, 당나라와 싸우느라 많은 희생을 했을 것이다. 그리고 여자들 역시 안타깝게 전쟁을 지켜보기도 하고 피해를 입기도 했을 것이다. 그러한 점에서 통일을 이루었어도 백성들은 무척 지쳐 있었을 것이라 할 수 있다. 통일이 된 후에 불교를 더욱 중시한 것은 그러한 흉흉한 민심을 가라앉히고 백성들을 위로하기 위한 지배층의 생각과 관련이 있을 것이다.

92-93쪽 교과서 속으로

1. ④
2. ④
3. 최치원과 길동은 모두 자신의 신분 때문에 뜻을 펴지 못하였다.
4. 최치원은 나라를 위해 당나라에서 하던 관리직까지 버리고 신라로 돌아왔지만 신분 때문에 자신의 뜻을 펴지 못했다. 그랬기에 최치원은 무척이나 실망했을 것이다. 최치원 같은 인재를 단지 신분 때문에 차별한다는 것은 문제가 있다. 그러한 점에서 오늘날 다문화 가정의 자녀들에 대해서도 차별하면 안 된다. 그들 역시 우리와 똑같은 사람이고 그들을 차별한다면 최치원과 같이 실망할 것이기 때문이다.

94-95쪽 교과서 속으로

1. 고구려
2. 불상과 석등, 연꽃무늬 와당 등
3. ④
4. 오늘날 예전 발해 사람들의 생활 모습을 구체적으로 알 수 있는 것은 역사 기록이나 지금까지 남아 있는 유물 등을 통해서이다.

한국사능력시험 확인문제 … ④

96-97쪽 역사 속으로

1. ③
2. 포석정이 중국의 것을 본 따서 만든 것으로 보아, 통일 신라의 문화가 중국의 영향을 받았음을 알 수 있다.

98-99쪽 역사 속으로

1. ②
2. 호족
3. 진성 여왕 대부터 고려 성종 대까지

100-101쪽 역사 속으로

1. ③
2. 고구려 유민, 말갈인, 거란인 등
3. ②
4. 대조영과 발해를 자기들의 지배 아래 두고 싶었기 때문에
5. 당나라는 힘이 세다는 이유로 다른 나라를 마치 자기들의 신하처럼 생각하고 있다. 고

구려 유민을 강제로 영주라는 도시에서 살게 한 것이나 대조영에게 발해군공이라는 관직을 주는 것은 매우 건방진 행동이다. 다른 나라와 사이좋게 지내고 각 민족의 권리를 인정하는 것이 당나라가 해야 할 일일 것이다. 등

미션 6
후삼국 통일과 고려의 건국
107쪽

102-103쪽 역사 속으로

1. 바다 동쪽에 있는 강성한 나라

2. ④

3. '통일 신라 시대'라고 하는 것은 통일 신라만을 중심으로 생각해서 붙인 이름이고, '남북국 시대'는 남쪽의 통일 신라, 북쪽의 발해를 염두에 둔 표현이다.

4. 1. '남북국 시대'라고 하는 것이 바람직하다. 당시에 통일 신라가 삼국을 통일하긴 했지만, 발해 역시 고구려를 계승한 우리 민족이기 때문에 통일 신라만 중심으로 생각하는 것은 문제가 있다.

   2. '통일 신라 시대'라고 하는 것이 바람직하다. 발해가 비록 고구려를 계승했다고는 하지만 여러 민족의 문화가 섞여 있어, 우리 민족의 영향은 적었기 때문이다. 그리고 엄연히 통일 신라는 우리 민족을 통일한 나라이기 때문이다.

104-105쪽 Let's Go! 논술

예·시·답·안

고구려를 자신의 나라라고 주장하는 중국의 주장은 문제가 있다. 먼저 그들의 주장이 1980년대부터 시작되었다는 것은 역사적 근거보다는 정치적 목적에 의해 그러한 주장이 제기되었다는 점을 암시한다. 또한 역사적 주장을 할 때에는 역사책과 같은 기록을 바탕으로 해야 하는데 중국의 역사책에 쓰여 있는 것조차 부정하는 것은 비판받아 마땅하다.

110-111쪽 교과서 속으로

1. ㉠ - 견훤
   ㉡ - 송악(개성)

2. 왕건

3. 전쟁에서 많은 활약을 했기 때문이다. 호족과 백성들의 지지를 얻었기 때문이다.

한국사능력시험 확인문제 ⋯ ①

112-113쪽 교과서 속으로

1. ③

2. 통일 신라 시대 지방 세력(호족 세력)

3. 고려는 후백제와 신라 세력, 발해인까지 받아들였기 때문이다.

4. **신라의 삼국 통일** : 당나라의 힘을 빌린 것이다.
   고려의 후삼국 통일 : 순수한 고려, 즉 우리 민족의 힘만으로 이룩한 통일이다.

114-115쪽 교과서 속으로

1. 고구려를 계승한다는 뜻

2. ②

3. 고려를 다양한 사상이 어우러진 나라로 만들고 싶었기 때문에

한국사능력시험 확인문제 ⋯ ②

116-117쪽 역사 속으로

1 ②

2 사람들을 괴롭히고 백성들의 원성을 샀으므로

3 궁예를 보면서 훌륭한 지도자가 되려면 다른 사람의 비판도 너그럽게 받아들이고 백성들을 따뜻하게 보살피는 것이 중요하다는 점을 알게 되었다. 궁예처럼 폭군이 되어 사람들에게 함부로 권력을 휘두르지 말아야 한다. 등

118-119쪽 역사 속으로

1 후백제

2 ③

3 견훤의 부하 공직이 왕건에게 항복한 사건

4 후백제

120-121쪽 역사 속으로

1 ④

2 고려가 북진 정책을 편 것은 고구려의 옛 땅을 다시 찾겠다는 의도 때문이라고 할 수 있다.

3 ⑤

4 고대 사회에서 중세 사회로의 전환을 의미한다.

122-123쪽 역사 속으로

1 ①

2 궁예

3 ②

124-125쪽 Let's Go! 논술

예·시·답·안

신라의 삼국 통일은 외국 세력인 당나라의 힘을 빌렸다는 한계가 있다. 그래서 옛 고구려의 땅을 잃게 되었던 것이다. 그런데 고려의 후삼국 통일은 외세의 힘을 빌리지 않고 우리 민족의 힘만으로 이룩한 자주적 통일이다. 또한 고려는 그 이름에서 나타내고 있는 것처럼 고구려의 옛 땅을 찾겠다는 의지를 드러내고 있다. 이것은 신라가 통일하며 잃었던 땅을 되찾겠다는 것이므로 불완전했던 신라의 통일을 완전한 통일로 만들면서 우리 민족의 실질적인 통일을 완성했다는 점이 역사적 의의라고 할 수 있다.